In inniger Dankbarkeit für Lars und für alle Menschen,
die meine innere Heimat sind.
Und für alle, die anderen eine Heimat schenken,
ob Menschen oder Tieren.

»Das gute Beispiel ist nicht eine Möglichkeit, andere Menschen zu beeinflussen, es ist die einzige.«

Albert Schweitzer

Vorwort

Als wir Ellie auf einer Fotografie zum ersten Mal sehen, blickt sie uns aus schwarzen Knopfaugen aufgeweckt entgegen. Nach längeren Gesprächen mit der zuständigen österreichischen Tierschutzorganisation erfahren wir, dass die rund vierjährige Mischlingshündin über eine sogenannte Tötungsstation in die Obhut eines Tierheims gelangte, das in der Nähe von Budapest liegt. Wir machen uns von Wien aus auf den Weg und halten bald ein federleichtes und sehr krankes Bündel in den Armen. Die ersten Interessenten lehnten Ellie aufgrund ihres Zustandes ab, den zweiten war die Reise nach Ungarn zu weit. Unser Glück, denn nun gehört sie zu uns.

In den nächsten Monaten erholt sie sich gesundheitlich nur langsam, und das Vertrauen muss ebenfalls in kleinen Schritten erarbeitet werden. Manche Angewohnheiten bleiben lange Zeit bestehen: Ist man spätnachts mit Ellie unterwegs, kontrolliert sie jeden Geschäftseingang. Mit manchen Autos will sie unbedingt mitfahren, egal, ob sie den Lenker kennt oder nicht. Junge Männer in Sportkleidung, die das Eau de Toilette »Roma« verwenden, schaut sie mit herzerweichendem Blick an. Den Wald kennt sie nicht, zu spielen und zu schnüffeln, das muss sie erst lernen und auch, dass sie sich auf Menschen verlassen kann.

Wenn ich Ellie heute sehe, schwarz gelockt und ein ganzes Kilogramm schwerer, wie sie immer selbstbewusster auf uns zuspringt und ihren Kopf minutenlang in Samuels oder meine Hände legt, wie sie zaghaft wedelnd auf fremde Menschen zugeht und die Welt entdeckt, bin ich beeindruckt: von einem Lebewesen, das trotz schlechten Erfahrungen hoffnungsvoll geblieben ist. Dass es solche Geschichten tausendfach gibt, wusste ich damals noch nicht, doch als sich Monate später das Buchprojekt mit Susy Utzinger zu konkretisieren beginnt, setze ich mich vertieft mit den Themen des Tierschutzes auseinander. Was Tiere aus vielfältigen Gründen erleiden müssen, weiß ich heute und auch, dass der Tierschutz ein komplexes Fachgebiet ist, in dem sich viele Amateure und auch unseriöse Organisationen tummeln. Zudem: Auch als Tierfreund kann man viel falsch machen.

Die Gespräche mit Susy finden in Kollbrunn statt, dem Geschäftssitz der »Susy Utzinger Stiftung für Tierschutz«. Sekretariat, Schulungszentrum und ein riesiges Warenlager befinden sich im ehemaligen Gewerbekomplex. Von hier aus werden Einsätze in der Schweiz und in aller Welt organisiert: für Straßenhunde in Rumänien, Ungarn und Afrika. Für Kapuzineraffen und Wickelbären in Peru. Für Jagdhunde in Spanien. Für Esel, Pferde und Kamele in Ägypten. Zehntausende von Tieren hat die 48-Jährige in den vergangenen zwanzig Jahren gerettet, wohl Hunderttausende verdanken ihr und ihren Mitstreitern und Gönnern ein besseres Leben. Auch in der Schweiz.

Die Arbeit hinter den Kulissen, das Wühlen in Dreck und Elend, die Auseinandersetzung mit Menschen, die Tiere quälen, missachten und misshandeln, die jahrelange Aufbauarbeit, die bisweilen nur winzige Verbesserungen bewirkt, die vielen Rückschläge, die hingenommen werden müssen, das alles bezeichnet Susy Utzinger als logische Konsequenz eines Engagements, das in den vergangenen Jahren zwar eine positive Akzeptanz erfahren, jedoch auch neue Probleme kreiert habe und in vielen Aspekten wie ein Perpetuum mobile funktioniere. Die Tierschutzpionierin, meist in Sportkleidung, die blonden Haare hochgesteckt, die Schuhe flach und bequem, ist immer auf dem Sprung, und genauso schnell, präzise und zielorientiert ist auch ihre Gedankenwelt. Ihre Ungeduld, die manchmal spürbar ist, weiß sie zu zügeln, sie bleibt freundlich, auch wenn sie Tempo machen möchte. Diverse Auslandeinsätze, Kastrationsaktionen und Tierheimoptimierungen in der Schweiz, der Ausbau des eigenen Tierheims, die Inbetriebnahme des Tierwaisen-Hospitals in Rumänien, Vorträge, Fachtagungen – dies sind nur einige Pendenzen, die im Jahr 2016 auf dem Programm standen. Zudem: ihre Hochzeit, die Begleitung von Lars während seiner Krankheit, das Buchprojekt.

Susy Utzinger sagt, die vielen Erfahrungen, die sie im Verlauf ihres langjährigen Engagements gemacht habe, würden Treibstoff liefern, sie heute aber auch fast jede Herausforderung annehmen lassen. Und anders, als man denken könnte, spielen nicht nur Tiere eine wichtige Rolle in ihrem Leben. Auf die Frage, was der persönliche Gewinn ihrer Arbeit sei, antwortet sie: »Ich habe Vertrauen in die Menschen gewonnen.« Wäre Ellie dazu imstande, würde sie – vielleicht stellvertretend für andere Tiere und Menschen – den Hut vor Susy ziehen.

Franziska K. Müller, im Sommer 2017

10. Mai 2015

Es ist nach Mitternacht. Bläulich leuchtet der Bildschirm. Betreff: eine Frosch-Aktion im Kanton Zürich; die Rettung einer Kuh im Berner Oberland; Aufnahmen von Hunden, Katzen, Papageien, Meerschweinchen und Reptilien in unserem Tierheim. Auch Fragen und Reklamationen sind in meine Mailbox gelangt: Handelt es sich um Tierquälerei, wenn die Dame aus dem Villenquartier dem Pudel ein Halsband aus echten Diamanten umlegt? Ist es unter der Würde kleiner Hunde, bei einer Tanzeinlage im Fernsehen aufzutreten? Zweimal: nein. Vieles sehe ich pragmatisch. Die Vermenschlichung von Vierbeinern hat eigene Gründe und ist nur schlimm, wenn die Tiere in ihrem Wohlbefinden oder in ihrem arttypischen Verhalten beeinträchtigt werden. Andere Bitten – das Hunde-Elend in China zu beheben, den Papst in Tierschutzfragen auf einen andern Kurs zu bringen und in diesem Sinn auch im Koran Veränderungen vornehmen zu lassen – muss ich, wie ich den Schreibenden mitteile, auf später verschieben, da ich mich zurzeit auf kleinere, aber ebenfalls wichtige Probleme konzentriere. Wenn ich manche der geforderten Aktionen bleiben lasse, weil sie keinen Sinn machen, kann dies heftige Reaktionen hervorrufen. Ich muss damit leben, dass ich nicht von allen Menschen, die sich als Tierschützer bezeichnen, geliebt werde.

Soeben bin ich aus Rumänien zurückgekehrt. Reinigungsarbeiten, Parasitenbehandlungen, politische Gespräche, Umstrukturierungen im laufenden Betrieb und mehrere hundert Kastrationen standen auf dem Programm. Nach jahrelanger Arbeit, in die Dutzende von Menschen aus den verschiedensten Disziplinen eingebunden waren, kann ich in diesem Tierheim heute auswählen: aus Bildern von Hunden, die artgerecht gehalten werden, nicht mehr verhungern und verdursten, keine Qualen erleiden müssen. Ich versehe die Dokumentation des zurückliegenden Einsatzes mit Texten, poste sie auf Facebook und rekapituliere die menschliche Schadensbilanz der vergangenen Woche: Sonnenstich. Muskelzerrung. Dehydrierung. Katzen- und Hundebisse. Ein Weinkrampf. Obwohl wir Fachkräfte und freiwillige Helfer akribisch rekrutieren und auf die Arbeitseinsätze vorbereiten, bleiben seelische und körperliche Blessuren nicht aus. Schrammen, blaue Flecken und Dutzende von Flohbissen bedecken auch meinen Körper. Sie gehören einfach dazu. Anderes nicht: Technische Ungenauigkeit, Verspätung in den Arbeitsabläufen oder fehlende Bewilligungen führen in einem fremden Land schnell zum Verlust von wertvoller Zeit. Manche sagen, meine logistische Planung sei pingelig. Ich antworte: Sie ist genau, denn alles andere geht zulasten jener Lebewesen, die wir schützen wollen: der Tiere.

Ich bin todmüde und kann mich doch kaum von der Tastatur trennen: Seit ich als Sechsjährige schreiben lernte, kritzelte ich unablässig in Hefte, und ab der dritten Klasse führte ich ein Tagebuch. Schon als Kind war es mir ein Bedürfnis, festzuhalten, was in meinem Leben und im Leben der Tiere geschah, für die ich früh Verantwortung übernommen hatte. Damals schrieb ich von Hand in linierte Notizbücher. Eines davon war mit glitzerndem, rotem Papier eingebunden. Zusammen mit dem Puppenwagen, in dem mein Plüschschimpanse Judy lag, und den Fotografien, die meine Eltern von mir gemacht hatten, verschwanden sämtliche Dokumente einer nicht eben glücklichen Kindheit vor vielen Jahren: vermutlich in einem großen Müllsack. Damals, als der Skandal ans Tageslicht befördert wurde. Als ich nicht bereit war, zu schweigen, untätig zu bleiben und zu decken, was in meiner Familie offenbar als verzeihbarer Fehler galt. Doch ich erinnere mich an vieles, erinnere mich auch an meine frühen Niederschriften über Erlebnisse mit Menschen und Tieren, die mit wechselnden Spielplätzen, Häusern, Wohnungen, Schulen verbunden waren. Darum kann ich sie hier nacherzählen und in meine Biografie integrieren.

30. Juli 1973

Ich sitze auf dem Boden, Mutter hat soeben den Telefonhörer aufgehängt. Sie sagt bloß drei Worte: »Opa ist tot.« Opa und Oma. Sie sind meine nächsten Bezugspersonen, ich lebe die meiste Zeit bei ihnen. Sie lieben mich, das haben sie oft genug gesagt. Meine Eltern sind mit sich selbst beschäftigt und mögen dieses Kind, das sich in ihrem Dasein eingenistet hat, nicht sonderlich. Opa. Wenn man auf einen Käfer tritt, ist er tot. So viel weiß ich als Vierjährige über das Sterben. Später zerstöre ich in einem Wutanfall mein Zimmer. Die Eltern stehen im Türrahmen und beobachten mich in einer Mischung aus Unverständnis und Gleichgültigkeit. Sie trösten mich nicht, sie analysieren lediglich mein Verhalten und überlassen mich meinem Schmerz. Auch in den folgenden Jahren unterhalten sie sich oft lautstark über mich. Vereint in Erstaunen darüber, was dieses Kind, das in ihrem Leben ein Fremdkörper bleibt, anstellt, sagt, will, fragt. Zuerst speisen mich die Erwachsenen mit Erklärungen zu Opas Tod ab, die mir nicht einleuchten. Seine Seele im Himmel. Engel, die ihn beschützen. Argwöhnisch blicke ich Vater an. Also erzählt er mir die Wahrheit, worauf ich ruhiger werde und das Unabänderliche zu akzeptieren scheine.

Fortan besuche ich mit Oma den Friedhof, einen Ort des Friedens und der Schönheit. Sie pflegt das Grab, wischt im Herbst Blätter und im Winter Schnee von der Grabplatte, pflanzt im Frühjahr Primeln und Veilchen, und im Sommer sitzen wir im Schatten der Bäume und erinnern uns wortlos an einen Mann, den wir beide geliebt haben.

Nach Großvaters Tod lebe ich die meiste Zeit bei den Eltern in Dübendorf. Mutter zieht am Abend ein Cocktailkleid an und legt die Kette aus bunten Glassteinen um den Hals. Sie zündet eine Zigarette an, der hellrote Lippenstift haftet an den Kippen im Aschenbecher, die ich zähle, wenn die Eltern weg sind und mir langweilig ist. Tagsüber beobachte ich von meinem Fenster aus den Bau eines riesigen Einkaufszentrums. Der Aushub ist ein Ereignis, das Hochziehen der Mauern, die mit Armierungseisen verstärkt worden sind, der Betonmischer, der Bagger. Beim Einsetzen der verspiegelten Fensterscheiben freue ich mich. Dann malen die Bauarbeiter Streifen auf den Boden, Ampeln und Verkehrsschilder werden angebracht. Luftballone und Papiergirlanden wirbeln im Wind. Als ich andere Familien Hand in Hand zum Einweihungsfest gehen sehe, entdecke ich ein Hündchen; es ist angebunden, niemand schenkt ihm Beachtung. Es ist fast Winter. Ich laufe auf die Straße, der Welpe friert, er zittert am ganzen Körper. Ich ziehe ihm meinen Pullover über.

In Dübendorf wird meine Schwester geboren. »Ein Wunschkind«, sagt die Mutter. Es ist nicht seltsam. Nicht schweigsam. Nicht sperrig. Es ist anschmiegsam, erhält ein gerüschtes Kleid und wird mit Schokoladenmilch gefüttert.

14. Oktober 1974

Die Eltern entdecken eine neue Einnahmequelle. Sie nehmen Kinder aus schwierigen Verhältnissen auf. Vanessa mögen sie, doch ihre weniger reizende Schwester soll wieder fortgeschickt werden. Ich verbringe viel Zeit mit Hasso, einem Deutschen Schäferhund, den meine Eltern angeschafft haben, und bald bin ich mit ihm draußen unterwegs, wenn die Eltern außer Haus sind. Die Fünfjährige und der ausgewachsene Schäferhund sind ein ungleiches Paar. Ein Nachbar informiert Vater und Mutter. Ab sofort darf ich Hasso nicht mehr ausführen.

Ich vermisse das Zuhause meiner Großeltern. Die hübschen Vorhänge, die jungen Katzen. Die Ruhe und das Gefühl, an nichts schuld zu sein. Andere Mütter erzählen ihren Kindern vor dem Zubettgehen Märchen von Feen und Zauberern. Meine Mutter erzählt mir auf dem Bettrand sitzend, wie meine Ankunft ihre Zukunft zerstört habe. Sie sagt: »Ohne dich wäre ich Fotomodell oder Ärztin geworden. Und was bin ich nun? Die Frau des Hauswarts.« Ich erfahre auch: Meine Ankunft hat verhindert, dass Mutter Geld verdienen und die Eltern sich eine Wohnung mit Heizung leisten konnten. In ihrem ersten Daheim fehlte sogar ein Tisch, sodass sie das Essen auf dem Fußboden sitzend einnehmen mussten. Meine Schuld an ihrer Armut und ihren unerfüllten Träumen wiegt für Mutter offenbar schwer, während Vater hochfliegende Pläne hegt, die jedoch alle unerfüllt bleiben.

18. Februar 1976

Als ich sechsjährig bin, ziehen wir erneut um – nach Greifensee. Die Eltern arbeiten nun beide, ihr Sozialleben findet im einzigen Restaurant der Umgebung statt. Wir leben in einer Göhner-Siedlung: Die riesige Landschaft aus vorfabrizierten Bauelementen im Stil von Plattenbausiedlungen gefällt mir sehr gut, das Optische deprimiert mich keineswegs. Ich sehe Grünflächen, Spielplätze, Sitzgelegenheiten, Kinder, junge und alte Menschen und blicke an manchen Tagen nun bis an den Rand des Horizontes. Ich besuche die Primarschule und bin eine gute Schülerin. Meine Eltern sind stolz, denn obwohl sie alle Studierten hassen, halten sie Bildung paradoxerweise für das höchste Gut der Menschheit. Freizeitaktivitäten hingegen und neue Erziehungsansätze, die es den Kindern erlauben, eine eigene Meinung oder Wünsche zu formulieren, titulieren sie als lächerliches Getue von pädagogischen Dummköpfen, die sie im linksradikalen Milieu orten.

Bestrafungen sind in unserer Familie häufig. Ein trotziger Blick, Widerworte, eine Träne, die zum falschen Zeitpunkt über die Wange kullert, führen zu Sanktionen. Hausarrest ist dabei kein Thema. »Verschwinde«, sagt Mutter, worauf ich sofort die gelben Gummistiefel anziehe. Ich verbringe Stunden und Tage im Freien. Bei Wind und Regen sitze ich in der Betonröhre, die zum Spielplatz gehört. Niemand sucht nach mir, niemand erlaubt die Rückkehr. Den Fragen fremder Erwachsener weiche ich aus, für mich ist diese Situation normal und kein Grund zur Aufregung. Bald weiß ich, wann der günstige Zeitpunkt gekommen ist, um ins Haus zu schleichen. Es liegt dann etwas in der Luft, eine Schwingung, ein Duft, ein Klang. Vielleicht weiß ich auch einfach nach Nachmittagen und Abenden, an denen nur vordergründig nichts geschieht, der Himmel seine Farbe verändert, Vögel zwitschern und verstummen, Ameisenstraßen eine nie enden wollende Unterhaltung bieten, die Katze vor dem Hund flüchtet, der Hund vor seinem Meister und mein Notizheft sich mit neuen Schilderungen füllt, dass ich zurückkann – und auch muss.

Stillschweigend und als wäre nichts gewesen, setze ich mich an den Tisch und warte darauf, dass mir Vater einen Stoß versetzt oder mich an den Haaren zupft. Abneigung zu äußern, fällt meinen Eltern nicht schwer, sie können auf eine breite Palette von Anschuldigungen und hässlichen Wörtern zurückgreifen. Was ich lange Zeit als normal betrachte, empfinde ich erst viel später als eigenartig: Wenn Vater seine Zuneigung oder Versöhnlichkeit kundtun will, rempelt er mich an, stellt mir ein Bein, zwickt mich heftig oder versetzt mir mit der Hand Schläge von unterschiedlicher Härte.

Gleichzeitig entwickeln sich meine Eltern zu Tierfreunden. Im Kinderzimmer pflege und füttere ich Streifenhörnchen, Reptilien und aus dem Nest gefallene Vögel. Mit ihnen lebe ich Fürsorglichkeit und andere positive Gefühle aus, vor allem aber ermöglichen mir die Tiere die Flucht in eine andere Welt. Vater, der gern Polizist geworden wäre, führt mit der neuen Schäferhündin Hilla ein diszipliniertes Arbeitstraining im Freien durch, zu dem er mich bald mitnimmt. Die Zuneigung der Eltern zu den Tieren empfinde ich als echt, wenn auch als dominant. Sie und leider viele Tierfreunde schieben anderen Menschen die ganze Schuld an ihren Enttäuschungen und Misserfolgen in die Schuhe, ohne ihre eigenen, meist mangelhaften Sozialkompetenzen zu hinterfragen. In den Tieren dagegen finden sie widerspruchslose Gefährten, die ihnen gehorchen und ihr Selbstwertgefühl steigern. Deren eigene Bedürfnisse stehen aber oft erst an zweiter oder dritter Stelle.

Für anderes bin ich den Eltern rückblickend dankbar: Von Gefühlsduselei im Umgang mit Hund, Katz und Maus halten sie nichts. Schauen wir uns zusammen einen Tierfilm an, darf ich das Zimmer nicht verlassen, wenn der Löwe die Babygazelle reißt. »Das ist Natur«, lautet das Argument meines Vaters, und Heulen ist auch nicht erlaubt.

Dass unsere Schäferhündin verunfallte, ist der Auslöser für eine Geschäftsidee, von der sich mein Vater persönlichen Erfolg verspricht. Erst nach zwei Stunden und unzähligen verzweifelten Telefonaten fand sich ein Fahrer, der bereit war, das stark blutende und schwer verletzte Tier zu transportieren. Die berechtigte Annahme, dass es immer wieder zu solchen Situationen kommt, wenn Haustiere angefahren oder auf andere Art verletzt werden, lässt meine Eltern die »Veterinärambulanz« gründen, die sie später unter dem Namen »Tierambulanz« weiterführen.* Dieses unausgegorene Projekt gerät zur Obsession meines Vaters: Er will schweizweit flächendeckend die Bergung verunfallter und verletzter Tiere garantieren und daraus ein florierendes Business machen. Da er kein Geschäftsmann ist, von einer strukturierten Betriebsführung nicht nur keine Ahnung hat, sondern eine solche auch für überflüssig hält, wird dieses Ziel unerreichbar bleiben. Der Pikettdienst findet neben dem Telefon im Wohnzimmer statt, und anfänglich muss rund um die Uhr ein Mitglied der Familie auf nur sehr selten eingehende Meldungen warten. Bis die ersten Mobiltelefone auf den Markt kommen, dauert es noch Jahre, und erst viel später erleichtern Umschaltkasten und Pager diese Aufgabe.

---

*1999 wurde ein neuer Tierambulanz-Verein gegründet, der heute noch tätig ist, aber weder mit meinem Vater noch mit mir etwas zu tun hat.

Bald bin ich in die Arbeit eingebunden und übernehme den nächtlichen Telefondienst für unseren Kanton bis 23 Uhr und oft auch bis in die frühen Morgenstunden. Erhalte ich einen Anruf, benachrichtige ich die nun im Schichtbetrieb arbeitenden Eltern oder leite selbst das Nötige in die Wege, damit einer der freiwilligen Fahrer an die genannte Adresse ausrückt. Oft übernächtigt, besuche ich am nächsten Morgen den Schulunterricht. Trotzdem liebe ich meine Arbeit: Als kleines Mädchen bin ich zusammen mit meinem Vater an vielen Rettungen beteiligt. Wir begleiten leidende Tiere zum Arzt, und bald darf ich auch bei medizinischen Interventionen dabei sein. Wenn die schwere Entscheidung getroffen werden muss, ein Tier von seinen Qualen zu erlösen, begleite ich es in seinen letzten Minuten.

Die Aufgaben, die ich im Rahmen der Tierambulanz übernehme, aber auch der Umstand, dass man mir viel zumutet und zutraut, prägen mich für immer. Früh sehe und erlebe ich Dinge, die manche Menschen vielleicht als ungeeignet für Kinderaugen bezeichnen würden. Tatsächlich gelange ich so zu einem Verständnis von Empathie, das für mich bis heute Gültigkeit hat. Das eigene Leid, das man beim Anblick schwer verletzter, kranker, hungernder oder misshandelter Tiere empfindet, möchte man sofort ausschalten, indem man es nicht in die Seele dringen lässt, sich zurückzieht, wegschaut, wegläuft. Meine Kindheit lehrte mich – und dafür bin ich den Eltern ebenfalls dankbar –, dass echtes Mitgefühl mit dem Willen verbunden sein muss, die Probleme, die das Leid verursachen, an den Wurzeln zu packen, ungeachtet des eigenen Schmerzes.

Zu meinem kindlichen Alltag gehört es, dass Lebewesen krank werden, verunfallen, sterben. Und früh weiß ich, dass nichts für die Ewigkeit ist. In Verbindung mit der wachsenden Angst, von jenen abhängig zu sein, die mich offensichtlich nicht lieben, wächst in diesen Jahren mein Bedürfnis nach Autonomie. Mich heimatlos zu fühlen, eröffnet mir dabei neue Chancen: Ich richte in meinem Herzen früh ein Zuhause ein, das weniger mit einem Land oder einer Familie zu tun hat als mit mir selbst, mit meinen Überzeugungen und Handlungen und später auch mit Menschen, die zu mir passen.

14. Juli 1981

Zu Weihnachten habe ich einen Hamsterkäfig erhalten, der 99 Franken gekostet hat. Ich bin überglücklich, denn nun kann sich Poldi auf fünf verschiedenen Ebenen vergnügen. In Aussicht gestellte Familienausflüge scheitern jetzt meist mit dem Blick in ein Portemonnaie, das leer ist und auch leer bleiben wird, und unsere Mahlzeiten sind zunehmend einfach und billig. Doch das stört mich nicht, denn meinem Kleintierzoo, den ich im Kinderzimmer unterhalten darf, fehlt es an nichts. Die Affären meines Vaters hingegen und die immer heftiger werdenden Streitigkeiten der Eltern schockieren mich nachhaltig. Was enden müsste, kann nicht enden, denn im nächsten Augenblick versöhnen sich die beiden, vereint in der Abhängigkeit und in gemeinsamen Feindbildern. Jene Menschen, die Karriere machen, zufriedene Beziehungen unterhalten, fähig sind, persönliche Probleme zu analysieren, um mögliche Verbesserungen oder zumindest Entscheidungen herbeizuführen, verabscheuen sie ebenso wie jene, die über ein differenziertes Weltbild verfügen.

Offenbar stehen Mutter und Vater auch bei verschiedenen Gläubigern in der Kreide, was dazu führt, dass wir die Siedlung und jene Menschen, die zu verlässlichen Bezugspersonen geworden sind, nach sechs Jahren verlassen müssen. Diesmal muss der Wegzug geheim gehalten werden. Gegenüber meinen Freundinnen fühle ich mich wie eine Verräterin, aber ich halte dicht, aus Angst vor der angedrohten Strafe des Vaters. Dieser Neuanfang ist eine schmerzhafte Trennung von allem, was ich nicht verlassen will, und der Abschied ist schlimmer als die bisherigen.

Wir beziehen eine winzige Wohnung in Uster. Schulisch bin ich den Mitschülern weit voraus. Bei den seltenen Besuchen, zu denen mich meine Kameradinnen einladen, sehe ich, dass die anderen Mädchen zu Hause auch keine Prinzessinnen sind – aber auf ihre Gefühle und Bedürfnisse wird doch Rücksicht genommen. Meine Eltern sind mit sich selbst und ihrem Wunschkind beschäftigt. Aber die Nichtbeachtung, die Bedeutungslosigkeit meiner Person hat ebenfalls nicht nur negative Folgen. Schon früh weiß ich: Ziele können schneller und besser erreicht werden, wenn man sich den einzelnen Aufgaben ohne Ablenkung durch die eigenen Emotionen widmet. Als Kind nutze ich die bereits vorhandene Kraft, um in der Einsamkeit meiner Familie zu überleben.

30. Dezember 1983

Der Aufenthalt in Uster ist ebenfalls von kurzer Dauer. Zwei Jahre später landen wir in Zürich Affoltern. Die Wohnsituation wird von Umzug zu Umzug prekärer. Diesmal finden wir uns in einem baufälligen Häuschen ohne Bad und Dusche wieder. Die einzige Wärmequelle, ein alter Holzofen, befindet sich im Wohnzimmer. Aus Decken und Pullovern schaffe ich den Tieren wärmende Plätze. Ich selber schlafe in den Kleidern, die ich auch tagsüber trage, schlüpfe in meinen Schlafsack und ziehe mir die Decke über das Gesicht. Zu meinem Vater habe ich als junges Mädchen zeitweise ein gutes Verhältnis. Zusammen stellen wir Fallen auf, um verwilderte Katzen einzufangen und kastrieren zu lassen. Vater erklärt mir, dass weibliche Tiere ein besseres Leben verdienen, als jedes Jahr Nachwuchs produzieren zu müssen, der in den wilden Kolonien für Hungersnöte sorgt. Verbundenheit erfahre ich, wenn wir uns in moralischen Fragen einig sind, es als respektloses Verhalten empfinden, wenn ein schwer verletztes Tier von einer Veterinärmedizinerin in grober Art und Weise getötet wird. Tränen vergießen wir nicht, dafür erstatten wir Anzeige beim entsprechenden Amt. Meinen Vater sehe ich zu diesem Zeitpunkt als Pionier. Vor allem sein unermüdliches, wenn auch erfolgloses Engagement für die Tierambulanz führt dazu, dass er vorübergehend zu meinem Helden wird.

Die Eltern führen ihre Hassliebe fort. Es kommt zu unglaublichen Szenen. Was noch schlimmer ist: Ab dem frühen Teenageralter figuriere ich als Klagemauer meiner Mutter, die mich tagtäglich mit ihrer Bitterkeit und vielen Details zu den frivolen Aktivitäten meines Vaters bedrängt. Aus dieser neuen Rolle gibt es kein Entkommen, auch weil mir als Zuhörerin zum ersten Mal Aufmerksamkeit geschenkt wird. Bewunderung und Zuneigung für meinen Vater gehen mit den Tiraden meiner Mutter verloren. Im Nachhinein sehe ich im plötzlichen mütterlichen Vertrauen eine bewusste Strategie, mich dem Vater zu entfremden.

Nachdem sie mir jahrelang vorgerechnet hat, welche horrenden finanziellen Kosten ich verursache, wie unerwünscht und mühsam meine Existenz sei, findet sich im Teenageralter ein neues Thema, das für persönliche Angriffe sorgt. Ob ich hübsch bin oder nicht, damit befasse ich mich bis zu diesem Zeitpunkt nicht. Meine blühende Jugend provoziert jedoch meine auf Äußerlichkeiten geradezu fixierte Mutter. Ich weiß nicht, wie oft sie mich in den folgenden Jahren hässlich schimpft und in Gegenwart Fremder lachend zu Verschönerungsaktionen mittels Haarfärbemittel und Schminkkasten auffordert. Für mich ist es eine Tatsache, dass ich nie einen Schönheitswettbewerb gewinnen würde, und verhalte mich auch lange Zeit entsprechend. Dass man sein Äußeres optimieren muss, wenn man damit Vorteile erreichen will, lerne ich erst viele Jahre später. Aber im Gegensatz zu meiner Mutter, die mit dem schönen Lippenschwung und attraktiven Körpermaßen Währungen wie Aufmerksamkeit und Bewunderung verbindet, interessiert mich etwas anderes. Heute sage ich nur halb im Scherz: »Meinen langen blonden Haaren verdanken Tausende von Tieren ein besseres Leben.«

3. März 1985

Ich bin ein angepasstes Kind, funktioniere so, wie man es von mir erwartet, komme den Befehlen nach, die man mir erteilt, und auch als Jugendliche zettle ich keine Revolution an. Ich trage »Rüeblihosen«, schmale Lederkrawatten und doppelt um die Hüften geschlungene Gürtel – das sind die einzigen modischen Highlights, an die ich mich erinnere. Ich konsumiere keine Drogen, gehe an keine Demos, bin ein Fan von klassischer Musik. Als ich mir zum Geburtstag eine Kassette von Beethoven wünsche, erhalte ich eine Aufnahme von Mozart. Im ersten Moment reagiere ich enttäuscht. Meine Mutter sagt: »Das ist das Gleiche wie Beethoven.« Bald mag ich auch Mozart und finde mich damit ab, dass ich aus einem bildungsfernen Milieu stamme, dessen Mitglieder aus unerfindlichen Gründen haarsträubende Einschätzungen zu kulturellen und intellektuellen Themen abgeben, sehr selbstbewusst notabene.

Stolz bin ich, dass ich es trotz der suboptimalen Verhältnisse zu Hause ins Gymnasium schaffe. Die Ausgaben für Schulbücher und auswärtige Mahlzeiten bleiben eine große finanzielle Belastung und bestimmen zusammen mit meinem Aussehen die nun weiblich dominierte Diskussion; Vater ist nach einem riesigen Eklat endlich ausgezogen. Der Kontakt zu ihm reißt in den folgenden Monaten ab, die Tierambulanz führt er allein weiter. Zum ersten Mal in meinem Leben verfüge ich über genügend Zeit für den Schulstoff. Die Studienrichtung steht bereits fest: Ich möchte Tierärztin werden. In der Freizeit widme ich mich meiner neuen Liebe, einem Pferd, das die Eltern in einem Anfall von Großzügigkeit kurz vor dem Zerwürfnis angeschafft haben. Ob Vater anwesend ist oder nicht, ändert nichts an Mutters Verfassung. Sie bleibt zänkisch und frustriert über ein Leben, das ihr nicht einfach schenkt, was sie will.

Mein erster Freund ist bereits berufstätig, lebt in einer eigenen Wohnung und würde mich jederzeit aufnehmen, lasse ich meine Mutter nach einer heftigen Auseinandersetzung unüberlegt wissen. Diese Ankündigung missfällt ihr ebenso wie andere Bemühungen, mich aus ihrem Bann zu befreien. Fortan wird mir gedroht, wobei unmissverständlich das Wohl meiner Tiere auf dem Spiel steht. Ich verhalte mich erneut den Wünschen entsprechend, befolge Anweisungen und Verbote genau. Da ich den ganzen Tag außer Haus verbringe, bin ich in jeder Hinsicht erpressbar und kann furchtbare Bestrafungen nicht verhindern, die meine Eltern – sie haben sich bald wieder zusammengerauft und Vater ist zurückgekommen – gemeinsam zu verantworten haben. Einmal gibt mir Mutter unwillig die seltene Erlaubnis, am Abend an der Abschiedsfeier unserer Französischlehrerin teilzunehmen. Als mich Vater wie verabredet um 23 Uhr an der Busstation abholt, erklärt er mir beiläufig, dass sie meinen geliebten Hund – jung und gesund – Stunden zuvor einschläfern ließen. Dies bricht mir das Herz und erstickt den letzten Rest familiärer Zuneigung.

Die langen Jahre, die ich als Studentin noch in diesem Haus verbringen müsste, erscheinen mir zunehmend als Tortur, der ich nicht standhalten kann. An meinem sechzehnten Geburtstag treffe ich die Entscheidung, das Gymnasium im dritten Jahr abzubrechen, eine Lehrstelle zu suchen und danach so schnell wie möglich in eine eigene Wohnung zu ziehen. Als ich diesen Plan in die Realität umsetze und ausziehe, informiert mich Mutter eine Woche später ohne Vorwarnung, mein Pferd, das ich frühmorgens und abends hege und pflege, sei tot. Sie hat es einem Metzger verkauft. Um mir zusätzlich Qual zu bereiten, erzählt sie, wie sehr sich das Tier beim Verladen in den Transporter gefürchtet habe.

7. März 1988

In den Jahren nach der kaufmännischen Lehre verbringe ich zum ersten Mal eine Phase mit nur wenigen Tieren. Ich wünsche mir eine verbindliche Beziehung, sehne mich nach Zugehörigkeit. Eine Familie zu gründen, wäre mein Traum. Doch in meiner Kindheit hat sich offenbar ein Freiheitsbedürfnis herausgebildet, vielleicht auch bereits eine innere Unabhängigkeit, die dazu führt, dass ich den Sinn einer eheähnlichen Gemeinschaft nicht sehen kann, nicht in den Aufgaben, die damit verbunden sind, nicht in den Verpflichtungen. Und bald auch nicht mehr in den damit verbundenen Freuden, die unvermeidbar in einer Katastrophe enden müssen, wie das Beispiel meiner Eltern zeigt. Nicht das Ende, vielmehr der Weg zu diesem mir unausweichlich erscheinenden Ausgang ist traumatisch. Auch das Nomadenleben und die vielen Neuanfänge und Abschiede, so realisiere ich, sind nicht spurlos an mir vorbeigegangen. Es ist für mich zwar eine wunderschöne Vorstellung, sesshaft zu werden, mit zueinanderpassenden Kaffeetassen, mit hübschen Möbeln, mit gemeinsamen Freunden, die man am Samstagabend trifft, mit einem Waschtag und rechtzeitig gebuchten Wanderferien in den Bergen. Aber es ist mir unmöglich, ein solches Leben zu führen.

Nach der Lehrzeit versuche ich die Illusion zu erzwingen: Ich besuche die Abendschule, kehre mit gefüllten Einkaufstaschen nach Hause zurück, koche ein feines Essen, sitze mit meinem Freund auf dem Balkon, winke den Nachbarn zu. Wir trinken ein Glas Wein, und schlagartig weiß ich, dass es so nicht weitergehen wird. Bereits befinde ich mich in einer Krise. In Anbetracht meiner Jugend ein rätselhafter Umstand, von dem ich niemandem zu erzählen wage. Auch meine Undankbarkeit in Bezug auf einen festen Job und einen Mann, der mit mir zusammen die Zukunft plant, beschämt mich. Fehlen mir die Tiere? Nein, eigentlich nicht, und doch denke ich während dieser Phase, in der ich Unruhe und Leere verspüre und gleichzeitig weiß, dass ich etwas Sinnvolles tun und eine erfüllende Aufgabe finden möchte, über jene nach, die zu meinem Alltag gehörten, seit ich denken kann: Tiere sind treue Freunde. Sie verzeihen viel. Sie eröffneten mir als Kind den Zugang zu einer Welt mit verbindlichen und gerechten Regeln. Boten Ablenkung, vermittelten Trost. Sie brauchen keine Erklärungen, sie verstehen mich, ohne mein Innenleben erforschen zu wollen.

29. Juni 1991

Mutter kann ich die Tötung meiner Tiere nicht verzeihen, und auch zu Vater habe ich viele Jahre keinen Kontakt. Die beiden sind längst wieder getrennt. Doch Anfang der Neunzigerjahre raufen sie sich erneut zusammen, und bereit, ihrer Hassliebe abermals eine Chance einzuräumen, leben sie bald wieder gemeinsam unter einem Dach. Die Befreiung aus dem belastenden Umfeld habe ich in den vergangenen Jahren zwar als Wohltat empfunden, und doch spüre ich beim Gedanken an ein nun bevorstehendes Zusammentreffen Freude und Hoffnung. Vielleicht wird die Zukunft die schwierige Vergangenheit irgendwann verblassen lassen? Auf der Suche nach einer neuen Aufgabe, auf der Suche nach Sinn und Erfüllung erkenne ich in der Rückkehr meines Vaters bald auch eine Möglichkeit für mich. Verletzten und heimatlosen Tieren zu helfen, wird zu einer Lebensperspektive.

Die Tierambulanz dümpelt zu diesem Zeitpunkt mehr schlecht als recht vor sich hin, vieles liegt im Argen. Das war schon immer so, doch nun verfüge ich aufgrund meiner kaufmännischen Ausbildung und der Weiterbildung über ein solides Fundament, um den Betrieb mit Vater zu professionalisieren. In den folgenden Jahren führen wir mit bescheidenen Mitteln vieles zum Erfolg, was zuvor nicht gelungen ist. Die Reorganisation erhöht die Effizienz und festigt unseren Ruf bei den Spendern. Vater erledigt von zu Hause aus die Büroarbeit und kümmert sich um den Aufbau eines funktionierenden Netzwerkes. Im Alltag verläuft noch vieles ungeordnet, spontan und improvisiert: Da es an Personal fehlt, arbeite ich fünfzehn Stunden pro Tag an der Front, koordiniere auch alle nächtlichen Rettungseinsätze, die ich in den meisten Fällen gleich selbst durchführe, und stehe morgens um sieben Uhr wieder im Büro, um die laufende Administration zu erledigen. Ich entwickle mich zu einem eigentlichen Workaholic, doch die Fortschritte sind ermutigend, meine Motivation ist groß, und der Einsatz wird mir nie zu viel. Im Gegenteil: In diesen Jahren erlebe ich zum ersten Mal eine berufliche und persönliche Erfüllung, die alles andere vergessen macht. Ich ahne, was Glück bedeuten kann.

20. Februar 1992

Ich kenne jedes Tier, das in unsere Obhut gelangt. Heute habe ich drei Frösche gerettet, zwei Auerhähne sowie eine weiße Friedenstaube, die einem Radiosender in einem durchlöcherten Karton als Geschenk zugeschickt worden ist. Am Nachmittag gelangt ein neugeborenes Hundebaby in unsere Obhut: ein Mädchen! Das winzige Wesen ist etwa drei bis fünf Tage alt und sieht einfach umwerfend aus. Nach zehn Tagen öffnet es die Augen, bald darauf wachsen winzige Zähnchen. Es jammert viel und entwickelt einen großen Bewegungsdrang. Wie viele andere Jungtiere ziehe ich auch Chiara mit der Flasche auf: Sie meldet sich, wenn sie gefüttert werden will, was alle zwei bis drei Stunden der Fall ist. Danach will sie eine Bauchmassage. Ich trage sie oft unter dem T-Shirt, damit sie meine Körperwärme spürt und – weil sie keine Wurfgeschwister hat – nicht allein ist. Zwischendurch liegt sie in ihrem Wäschekorb auf einem Heizkissen und präsentiert mit angezogenen Pfötchen bald ein wohlgenährtes Bäuchlein.

4. März 1992

Die dreiwöchige Chiara hat ein dunkelbraunes, wuscheliges Fell und schwarze, stecknadelgroße Augen, die neugierig und auch ein wenig ungläubig in die Welt blicken. Sie verhält sich in vielem wie ein Hundebaby, aber eben nicht in allem. Während andere darüber rätseln, welche Rassen sich bei diesem süßen Geschöpf wohl mischen, habe ich einen ersten Verdacht. Was ich wie der konsultierte Tierarzt offenbar verdrängt habe, kann ich nun nicht mehr ignorieren. Noch behalte ich für mich, dass es sich bei Chiara wahrscheinlich nicht um einen Hund handelt, beobachte sie nun aber umso aufmerksamer. Tage später bin ich mir sicher: Wir ziehen einen jungen Fuchs auf. Ich bin am Boden zerstört, denn der Gesetzgeber ist in diesem Fall eindeutig: Wildtiere, darunter auch Füchse, dürfen nicht gezähmt und somit auch in einer Notlage in jungem Alter nicht gerettet werden. Fuchswelpen werden häufig mit Hundewelpen verwechselt und deshalb fälschlicherweise geborgen. Ich studiere die entsprechenden Paragrafen genau und ziehe einen Juristen bei. Es kommt noch schlimmer: Wir sind dazu verpflichtet, Chiara zu euthanasieren. Nach reiflicher Überlegung gelange ich zum unorthodoxen Schluss, die Existenz des Findelkindes vorerst geheim zu halten.

Ob die Mutterfüchsin überfahren oder auf andere Weise getötet wurde oder ob sie mit ihren Jungen in einen anderen Bau gezogen ist und Chiara nachholen wollte: Wir werden es nie erfahren. Am liebsten möchte ich sie für immer bei mir aufnehmen. Doch ich weiß, dass dies nicht sein darf. Wildtiere können in Gefangenschaft nicht glücklich werden, egal, wie viel Fürsorge und Liebe sie erfahren. Sobald Chiara von der Flasche entwöhnt ist, müssen wir sie auch von den Menschen entwöhnen, denn Wildtiere müssen scheu bleiben, um in der Natur überleben zu können. Wir finden glücklicherweise einen Profi, der Chiara übernimmt und im geeigneten Umfeld, also weit weg von menschlichen Siedlungen, an das Leben in der freien Natur vorbereiten wird. Dass sie bald ein artgerechtes Dasein führen darf, ist für mich ein Trost, und doch fehlt mir mein Füchslein jeden Tag.

18. Januar 1993

Ich erhalte den aufgebrachten Telefonanruf eines Hauswartes. Er meldet den Fund eines Meerschweinchens, das er lebend aus den Tiefen eines Abfallcontainers geborgen hat. Wie üblich bringen wir das Tier in unsere Obhut, waschen ihm die Parasiten und den Müllgestank aus dem Fell und setzen das verstörte Fellknäuel in einen mit Stroh gepolsterten Käfig. Der Fall entpuppt sich als komplex, denn Tage später meldet sich eine Frau auf dem Sekretariat. Sie behauptet, das Tier – Mimi – gehöre ihr. Die Beschreibung, die sie abgibt, passt: strubblig, weiß, mit braunen Pfötchen. Auf meine Frage, warum Mimi in einem Abfallcontainer gelandet sei, antwortet sie, das Tierchen habe leblos und bereits erkaltet im Käfig gelegen. Sie verdrückt ein paar Tränen und will ihren Liebling sofort abholen.

Mittlerweile verfüge ich über einen siebten Sinn für Lügengeschichten; ich glaube ihr nicht und vertröste sie auf den nächsten Tag. Bei den folgenden Abklärungen erfahre ich, dass bereits einmal ein gesundes Tier dieser Familie in einem verschnürten Kehrichtsack entsorgt worden ist, der putzige Nager sich allerdings mit einem beherzten Biss in die Plastiktüte befreien konnte und zum Erstaunen der Nachbarschaft wenig später quietschlebendig auf dem Gehweg vor dem Haus saß. Tage später führe ich ein Gespräch mit dem Ehemann der offenbar alkoholkranken Frau, schildere ihm weitere Ergebnisse meiner Recherchen, die auch auf eine unhygienische und nicht artgerechte Haltung hinweisen, und stelle ihm eine Anzeige und den Antrag auf ein Tierhalteverbot in Aussicht.

Wie so oft, wenn wir missliche Zustände aufdecken und mögliche Sanktionen erwähnen, wird es ungemütlich. Verbale Ausfälligkeiten, juristische Klagen, das Einschalten von Medien und sogar Handgreiflichkeiten gehören zum Job, und man droht mir auch unzählige Male mit Mord und Totschlag. In diesem Fall endet die Unterhaltung mit den Worten: »Ich bin Jurist – dich mache ich fertig!« Tatsächlich erreicht uns bald Post vom Anwalt. Beim weggeworfenen Meerschweinchen handle es sich nicht um Mimi. Sondern? Um ein der Familie unbekanntes Lebewesen. Ich frage mich, warum das Ehepaar denn überhaupt ein Meerschweinchen vermisst, doch das sind müßige Überlegungen. Die eingeschaltete Behörde, in diesem Fall das Statthalteramt Zürich, kommt Wochen später zum Schluss, dem Ehepaar sei nichts vorzuwerfen, sie dürften auch in Zukunft Tiere halten. Die Frau wird allerdings aufgrund unserer Anzeige mit einer Geldstrafe belegt und erhält obendrein die Weisung, tote Tiere künftig in der Kadaversammelstelle zu entsorgen. Mimi wird selbstverständlich nicht abgeholt und kann später an einen neuen, geeigneten Besitzer vermittelt werden.

Es gibt Menschen, die den Aufwand für solch komplexe Aktionen, die viel Zeit und Geld kosten, als übertrieben kritisieren: Ist doch nur ein Meerschweinchen. Für diese Argumentation habe ich kein Verständnis. Das Sozialverhalten von Meerschweinchen ist so komplex wie das von großen Tieren, und sie verfügen auch über ähnliche Gefühle. Doch die Geschichte von Mimi ist nur die Spitze des Eisberges. Bei den Kleintieren, darunter vielen Nagern, handelt es sich um Lebewesen mit schlechten Karten. Kräftemäßig sind sie ihrem Halter immer unterlegen, und da es ihnen an mimischen wie an akustischen Ausdrucksmöglichkeiten weitgehend fehlt beziehungsweise diese nur mit Sachverstand erkennbar sind, wird ihr Leid oft übersehen. Auch die soziale Kontrolle ist bei den Kleintieren gering: Fehlt irgendwo plötzlich ein Hund, wird das von der Umgebung normalerweise registriert, sichtbare Misshandlungen natürlich erst recht. Bei Mäusen, Ratten, aber auch bei vielen Reptilien und Vögeln fallen schlechte Haltung, Quälereien und plötzliches Verschwinden meist nicht auf, die Dunkelziffer an Missständen – da bin ich mir sicher – ist in diesem Bereich riesig.

Ganz besonders gilt das für sogenannte Streicheltiere, die aus einer Laune heraus angeschafft werden, in der Haltung jedoch recht anspruchsvoll sind. Obwohl wir seit einiger Zeit Informationskampagnen durchführen, hoppeln noch immer jedes Jahr zur Osterzeit Tausende von Langohren durch Schweizer Kinderzimmer. Oft sind sie schon wenige Monate später uninteressant, wie die Abgabe der herzigen Häschen zu Hunderten in den Tierheimen zeigt. Auch zoologische Gärten können sich über den Nachschub nicht beklagen: Sie verfüttern die abgeschobenen Ostergeschenke an die Schlangen. Die pädagogischen Absichten der Eltern sind in solchen Fällen offenbar schnell vergessen: Anstelle von Verantwortungsgefühl wird dem Nachwuchs nun etwas anderes vermittelt: Sobald einem ein Lebewesen verleidet ist, kann man es weggeben – oder einfach wegwerfen.

22. März 1993

Die Tierambulanz ist rund um die Uhr besetzt. Wer Pikett hat – im Normalfall bin ich es –, arbeitet tagsüber und schläft nachts selten durch. Verletzte, verunfallte, entlaufene und ausgesetzte Tiere gelangen zu jeder Tages- und Nachtzeit zu uns. Jeden Monat bergen wir Dutzende von ihnen, versorgen und betreuen sie in unserem provisorischen Tierheim und versuchen, sie an neue Halter zu vermitteln. Die physischen und psychischen Leiden mancher Schützlinge rauben mir hin und wieder den Schlaf. Im Dämmerzustand lasse ich jene Fälle Revue passieren, die später auch unsere Öffentlichkeitsarbeit bestimmen und entsprechende Informationskampagnen bewirken werden.

Nun reißt mich ein schrilles Klingeln aus dem Halbschlaf. Ein Rauhaardackel, so teilt mir die Polizei mit, hat drei Tage lang neben seinem toten Herrchen ausgeharrt und bedarf nun dringend der Hilfe. Sein Besitzer, ein 68-Jähriger, der Opfer eines Mordes wurde, lebte in einem Haus im Zürcher Kreis 5 und soll, so wissen die gesprächigen Nachbarn zu berichten, mit zwielichtigen Figuren verkehrt haben. Obwohl alle Hausbewohner den als artig beschriebenen Dackel namens Lümmel kennen, der drei Tage lang laut gebellt, gescharrt und gewinselt habe, ist niemand auf die Idee gekommen, dass etwas nicht stimmen könnte. Oder sind eher mangelnde Zivilcourage, Gleichgültigkeit oder Faulheit schuld daran, dass keiner aktiv wurde?

Nichts hören, nichts sehen, nicht reden: Mit diesem Verhalten sind wir im Alltag immer wieder konfrontiert. Zwinger in Passantennähe, in denen tobende Tiere auf kleinstem Platz hausen, ohne je ins Freie zu gelangen, aber auch Mietwohnungen, in denen Dreck und Müll kniehoch stehen und Dutzende von Tieren dahinvegetieren, können durch das Umfeld ebenso wenig unbemerkt bleiben wie ein auf der Hundewiese spielender Cockerspaniel, der wiederholt schwere Verletzungen aufweist, die eindeutig auf Misshandlungen hinweisen. Erst kürzlich haben wir eine geschwächte Mischlingshündin geborgen, die nur dank dem beherzten Eingreifen eines Kindes gerettet werden konnte, nachdem die Nachbarn Tag für Tag an dem verlassenen und irgendwo draußen angebundenen Tier vorbeigegangen waren.

Im Fall von Lümmel alarmierte schließlich ein genervter, weil in seinem Ruhebedürfnis gestörter Anwohner die Polizei. Drei Tage lang ohne Nahrung und Wasser, ist die Dackeldame am Ende ihrer Kräfte, als sie in unsere Obhut gelangt. Die Schlagzeile der Boulevardzeitung – »Nur der Dackel kennt den Mörder« – ist richtig. Vermutlich musste Lümmel die Gewaltorgie, bei der ihrem Besitzer der Schädel eingeschlagen wurde, miterleben. Da ein traumatisiertes Tier verschiedene Störungen an den Tag legen kann, die sich oft erst zu einem späteren Zeitpunkt manifestieren, konzentrieren wir uns vorerst auf die gesundheitliche Versorgung unseres Schützlings.

Was wir auch bei anderen Hunden und Katzen feststellen, die aus quälenden Umständen befreit werden: Die Tiere erholen sich oft schnell, nicht zuletzt dank der neuen Sicherheit und dem menschlichen Wohlwollen. Andere Vierbeiner hingegen mit engen Bindungen leiden oft stark unter der für sie unverständlichen Trennung von ihrer Bezugsperson, die unter Umständen verunfallt ist, schwer erkrankt oder eben ermordet wurde. Lümmel scheint die Ereignisse allerdings gut überstanden zu haben, dackelt bestens gelaunt durch den Garten und vertilgt mehrmals am Tag eine

XL-Portion Futter. Wir lassen es dem Dackel durchgehen, denn wir wissen: Lümmel ist in anderen Umständen. Bis zur Niederkunft genesen und gestärkt, bringt sie Wochen später sechs gesunde Welpen zur Welt, die wir – ebenso wie ihre tapfere Mutter – nach Abschluss der polizeilichen Ermittlungen an geeignete Halter vermitteln können.

7. Juli 1993

An diesem Mittwoch werden wir von der Polizei kontaktiert. Aufgrund eines Todesfalls erhalten wir den Auftrag, aus einer Dreizimmerwohnung im Kreis 4 in Zürich mehrere Katzen zu befreien und danach zu betreuen. Ich erkundige mich telefonisch: Um wie viele Tiere handelt es sich genau? Dreizehn. Die Vorstellung, dreizehn Katzen in unserem Tierheim unterzubringen, das in den Sommermonaten mit abgeschobenen Tieren überfüllt ist, bereitet mir Sorgen. In unserer Toilette schlafen bereits einige Katzen, in der winzigen Küche hat eine Mischlingshündin mit ihren acht Welpen Quartier bezogen.

Einmal mehr sind wir heute mit einem Fall von sogenanntem »animal hoarding« (»Tiersammeln«) konfrontiert. Als »Tierhorter« werden Menschen bezeichnet, die – meist aufgrund einer psychischen Störung – unzählige Tiere auf engem Raum halten, ohne die minimalen Haltungsbedingungen, wie Nahrung, Hygiene und tierärztliche Betreuung, gewährleisten zu können. Die desolaten Zustände werden oft über einen langen Zeitraum hinweg geheim gehalten und erst aufgedeckt, wenn die Halter in Spitalpflege kommen oder sterben. Manchmal handelt es sich bei diesen Menschen um sogenannte Messies, aber nicht immer. Erst kürzlich betraten wir die unmöblierte und klinisch saubere Wohnung eines jungen Mannes. Zwischen fein säuberlich aufgetürmten Konservendosen, die wie moderne Kunstwerke wirkten, tollten zwei Dutzend Streifenhörnchen. Bei Messies bewirkt das Unvermögen, sich von Material zu trennen – alten Zeitungen, leeren Bierflaschen sowie Abfällen aller Art –, dass sie die Zimmer einst geräumiger Wohnungen nur noch durch winzige Korridore erreichen. Bei jenen, die ihre krankheitsbedingte Sammelleidenschaft auf Tiere ausdehnen, steigt die Anzahl der Katzen, Meerschweinchen, Mäuse oder Ratten oft dramatisch, weil sich die Tiere unkontrolliert fortpflanzen. Die Betroffenen sind häufig der Meinung, ihre Schützlinge hätten ein wunderbares Leben, und befürchten, dass man sie ihnen stehlen will. Sie vom Gegenteil zu überzeugen, ist harte Arbeit und ohne psychologische Unterstützung meist nicht zu schaffen.

Es ist bereits nach Mitternacht, als wir den Einsatz in der besagten Wohnung beenden und die dreizehn scheuen Katzen im Tierheim unterbringen. Am nächsten Nachmittag klingelt das Telefon erneut. Ein Polizeibeamter informiert mich, dass sich weitere zehn Katzen in der Wohnung aufhalten, sie uns offenbar eine falsche Zahl genannt hatten. Zusammen mit dem freiwilligen Helfer Joe sitze ich Minuten später im Auto und trete beim Gedanken, dass die verbleibenden Tiere seit Tagen ohne Futter und Wasser sind, auf das Gaspedal. Als wir die Wohnungstür öffnen, blicken wir erneut in neugierige Katzenaugen. Mein Begleiter ist einer Ohnmacht nahe. Eine regelrechte Flohplage hat bereits die erste Suchaktion erschwert, die wir nun in der Küche fortsetzen. Die sommerliche Hitze ist unerträglich und verstärkt die Geruchsemissionen, die bei Joe Brechreiz provozieren. Mit einem Taschentuch vor Nase und Mund robbe ich erneut über den Teppichboden. Er ist mit Müll, dreckigen Kleidungsstücken, einem Gebiss und in Alufolie verpacktem Streichkäse bedeckt. Ich blicke wieder unter jedes Möbelstück, durchsuche jeden Abfallberg. Der ausgeprägte Sammeltrieb der Verstorbenen erschwert die Aktion, macht sie aber auch zu einer traurigen Angelegenheit.

Ganz unvermutet nimmt man bei solchen Einsätzen an einer fremden und oft tragischen Existenz teil, die oft von einer Sekunde auf die andere geendet hat. Ein plärrendes Radio, über der Stuhllehne hängende Kleidung oder ein Rätselheft auf dem Tisch mit der Brille daneben lassen erahnen, dass hier noch vor kurzem ein Leben stattgefunden hat. Es sind kleine Details, die Auskunft geben über Menschen, die physisch erkrankt, schwer verunfallt oder gestorben sind und deshalb nicht mehr für ihre Tiere sorgen können.

Als wir bei diesem Einsatz den letzten Stubentiger dingfest gemacht haben, reißen wir die Fenster auf und atmen die kühle Nachtluft ein. Doch zum Schluss gibt es eine schöne Überraschung: Auf der Suche nach den Impfausweisen entdecke ich nebst säuberlich beschrifteten Papieren, die über den Gesundheitsstatus der Katzen informieren, auch eine Verfügung der Verstorbenen, wie ihre 23 Lieblinge nach ihrem Ableben in einem bestimmten Tierheim versorgt werden sollen. Ich versöhne mich endgültig mit der chaotischen alten Dame, die sehr ordentlich erledigt hat, was viele Tierfreunde im hohen Alter leider versäumen. Wir fahren in unser Office zurück und vernehmen beim Ausladen der Katzen ein lautes Meckern. Die Geiß Lisa – die nicht gerade wie ein frisch gebackener Apfelkuchen riecht – kommt zu dieser Uhrzeit spontan ebenfalls bei uns unter.

2. Oktober 1993

Nach zweijährigem Dauereinsatz mit Hunderten von geretteten und versorgten Tieren, vielen erfreulichen, aber auch traurigen Erlebnissen und Erfahrungen bin ich müde, erschöpft und offenbar auch gereizt: Als ich einmal die Beherrschung verliere und einen Besitzer anschreie, der sein extrem vernachlässigtes Tier bei uns abgibt, die Leine allerdings mitnehmen will und sich erkundigt, ob er nach den Sommerferien ein neues Tier aussuchen kann, fragt mich eine freiwillige Mitarbeiterin schüchtern, wann ich das letzte Mal in den Ferien gewesen sei. Ich erinnere mich an keinen Urlaub. Jetzt benötige ich eine Pause, und zwar dringend. Das Team ist unterdessen bestens eingespielt, in meiner Abwesenheit wird alles perfekt ablaufen.

Geplant ist ein unbezahlter Bildungsurlaub, mit dem ich mir einen lang gehegten Herzenswunsch erfülle. Seit langem interessiert mich die Ethologie, ein Teilgebiet der Biologie, das sich mit der Erforschung, Beobachtung und Analyse des Verhaltens von Tieren und Menschen befasst. Der Ethologe Erich Klinghammer gilt auf diesem Gebiet als internationaler Pionier. Bereits im Jahr 1972 gründete er im amerikanischen Indiana die Non-Profit-Einrichtung Wolf Park, die sich der wissenschaftlichen Forschung und der Ausbildung verschrieben hat. Im Wolf Park wird unter anderem das Verhalten von mit Menschen sozialisierten Wolfsrudeln beobachtet sowie ihr Jagdverhalten gegenüber Bisons. Die Lebensweisen und das Wesen von Wölfen und Hunden sind eng miteinander verbunden. Als ihre Vorfahren können die Raubtiere auch umfassende Einsichten in Bezug auf die bellenden Vierbeiner vermitteln und somit die Beziehungen entschlüsseln, die wir Menschen mit ihnen führen. Ich möchte mehr über ein Thema erfahren, das so viel mit meinen Lieblingstieren – allen hundeartigen Lebewesen – zu tun hat, und so bewerbe ich mich nach entsprechenden Weiterbildungen in der Schweiz für ein zweimonatiges Ethologie-Praktikum bei Professor Klinghammer.

Wochen später sitze ich im Flugzeug Richtung Indiana. Die folgenden Monate sind für mich eine Bestätigung von bereits angeeignetem Wissen, vor allem aber eröffnet sich mir eine neue Welt, in der ich praktische Erfahrungen sammeln kann. Es ist Herbst, der Indian Summer verwandelt die Bäume in farbenprächtige Kunstwerke, das Grün der endlos scheinenden Wiesen ist noch nicht verblasst, und über mir spannt sich ein strahlend blauer Himmel. Die Mitglieder des Hauptrudels sind mir bereits aus den Seminaren von Erich Klinghammer in der Schweiz bekannt: Obwohl Wölfe optisch an große Hunde erinnern, ist der Unterschied zwischen unseren Hausgenossen und den Wildtieren nicht zu unterschätzen. Ich muss mich zuerst an ihre laute und ausdrucksstarke Kommunikationsweise gewöhnen. Ständiges Winseln und Knurren gehört dazu, aber auch Körpersprache und Mimik sind viel variantenreicher als die von Hunden. Es trägt zur Arterhaltung von Wölfen bei, dass sie ernsthafte Auseinandersetzungen durch ihre ausgeprägten Möglichkeiten der Kommunikation zu verhindern wissen. Dabei könnten sie sich mit ihren riesigen Zähnen gegenseitig schwer verletzen, was aber selten geschieht.

Ich sitze vor dem Gehege und beschreibe mithilfe des Wolf-Park-Ethogramms die Verhaltensweisen des Hauptrudels. Wer zieht wann, aus welchen Gründen und wie stark den Schwanz ein? Wie verhält sich dabei der Rest des Körpers? Was sagt die Mimik aus? Die Kommunikation der Wölfe zeigt mir einmal mehr: Wer die Verhaltensweise eines Tieres entschlüsseln will, muss dazu nicht nur die Situation analysieren, in der es sich befindet, sondern auch die gesamte Körpersprache deuten. Um diese genau zu erfassen, ist ein geschultes Auge notwendig. Auch hier gilt: Übung macht den Meister. Ich habe tolle Lehrer, und bald darf ich – gemeinsam mit dem Wolf-Park-Team – das riesige Gehege betreten.

Hier gelten strikte Regeln. Die Tiere akzeptieren uns zwar in ihrem Umfeld, denn sie wurden von Menschen aufgezogen und sind dementsprechend sozialisiert, aber sie reagieren auf menschliche Verhaltensweisen natürlich wie Wölfe. Beutespiele etwa sind nicht erlaubt. Das spielerische Kämpfen um einen Ball mag mit Hunden witzig sein, Wölfe hingegen kennen kein Pardon – sie wollen gewinnen und lassen von einer Beute nicht mehr ab. Wer einen Fehler macht und bei einem Zusammentreffen einen für Wölfe begehrenswerten Gegenstand auf sich trägt, muss sich schnell etwas einfallen lassen. Ein Tauschgeschäft kann gut funktionieren, und so wechselt ein wertloses Taschentuch anstelle der Fotokamera friedlich seinen Besitzer. Rennen ist im gesamten Wolf Park verboten, und auch das Tragen von Parfüm steht für die, die das Gehege betreten dürfen, auf der schwarzen Liste. Natürlich werde ich als Neuling neugierig begrüßt und vom Alpharüden inspiziert. Es ist ein besonderes Gefühl, in die leuchtend gelben Augen eines Wolfes zu blicken und dann – wenn er es erlaubt hat – in sein dichtes Fell zu fassen. Hosen und Shirts müssen Beine und Arme bedecken, und mehr als einmal bin ich dankbar für diese Vorschrift: Immer wieder kommt es vor, dass mich ein Wolf am Arm festhält. Die Wolfszähne flößen mir keine Angst ein, wohl aber Respekt: Ich merke, wie unvorstellbar kräftig ein Wolfsgebiss ist, es hinterlässt jeweils große blaue Flecken auf meiner Haut. Ich möchte niemandem empfehlen, unbeschwert auf ein Wildtier zuzugehen, doch in meinem Fall geht unter den Augen der wachsamen Experten alles gut.

In den folgenden Wochen begleite ich die Wolf-Park-Pioniere bei der täglichen Arbeit, erhalte vertiefte Einblicke in notwendige und automatisierte Verhaltensmuster, die dem Überleben der Tiere dienen. Ich recherchiere in mehreren Bundesstaaten, spreche mit den Wildhütern verschiedener Nationalparks und gelange in Bezug auf das Zusammenleben mit Wölfen zu Einsichten, die das Bundesamt für Veterinärwesen in Hinblick auf die zu erwartende Wiedereinwanderung des Wolfes ebenfalls für interessant halten wird. Die Erkenntnisse in Indiana sind wertvoll, auch weil sie mit direkten Erlebnissen und Erfahrungen zusammenhängen, die über ein theoretisch angeeignetes Wissen hinausgehen und mein Verständnis von den Beziehungen zwischen Tieren und Menschen erhellen. Ich bin in meinem Element und genieße die stundenlange Beobachtung der Wildtiere in einer ruhigen Naturlandschaft ebenso wie die vielen Zusammenkünfte mit den verschiedenen Rudeln, von denen ich bald jedes Tier kenne.

Die Wölfe in Indiana akzeptieren uns als Besucher in ihrem Revier und als Sozialpartner. Dennoch bleiben es Raubtiere, die sich auch so benehmen. Dazu gehört, dass sie sich nicht unterwerfen, bloß weil sie von Menschenhand aufgezogen worden sind. Auch das ständige Testen des Gegenübers erfordert Wissen: Wer nicht fit und stark ist, muss mit entsprechenden Sanktionen rechnen. Aus diesem Grund lautet eine weitere Regel im Wolf Park: Ausschließlich gesunde Menschen dürfen das Gehege betreten. Gegen dieses Gesetz verstoße ich unbewusst und muss dafür bezahlen: Nach einer grippeartigen Erkältung inklusive Magenverstimmung bin ich schnell wieder auf den Beinen und begebe mich zusammen mit meinen Arbeitskollegen auf das Gelände. Sofort formieren sich einige Wölfe um mich, was ich als ungewöhnlich erlebe. Der Anführer, Chinook, ein grauer Rüde, der meine Anwesenheit bisher immer respektiert hat, steigt plötzlich an mir hoch und legt mir eine Pfote auf die Schulter. Was man als freundschaftliche Geste interpretieren könnte, ist keineswegs so gemeint. Mit diesem Verhalten prüft er meine Stärke, er testet aus, was er sich mir gegenüber erlauben kann. Glücklicherweise schätzen meine Teammitglieder die Situation sofort richtig ein und lenken die Wölfe so lange ab, bis ich mich aus dem Gehege zurückgezogen habe. Ich lasse mir die Überraschung und den Schrecken nicht anmerken und bespreche den Vorfall wenig später mit einem Leiter. Dieser fragt: »Bist du gesundheitlich wieder komplett hergestellt?« Tatsächlich ist mein Magen erneut unruhig, und mir ist heiß. Ich glaubte, physisch fit zu sein, doch die Wölfe haben meine Schwäche instinktiv bemerkt und es dem Alphatier überlassen, abzuklären, wie es um mich bestellt ist.

Die Wildtiere machen aus ihren Absichten kein Hehl, sie messen ihre Kräfte niemals ohne Grund. Schwäche hat zwar Sanktionen zur Folge, doch diese dienen – ähnlich wie wenn kranke oder verletzte Tiere aus dem Rudel ausgeschlossen werden – der Stärke und Sicherheit der Gruppe. Das Rudelverhalten der Wölfe wie ihre Kooperationsbereitschaft innerhalb der Gruppe lassen mich in der ländlichen Abgeschiedenheit von Indiana auch über die Menschen nachdenken. Als Tierschützerin mache ich ausgesprochen gute Erfahrungen mit loyalen Menschen, die in vielen Fällen uneigennützig agieren, doch ich lerne auch andere kennen, die ihre eigentlichen Ambitionen zu verschleiern wissen. Manche agieren subtil, andere nicht ohne Bösartigkeit, und meist den eigenen Interessen in die Hände spielend, werden die Gegner zu Fall gebracht. Dabei geht es um Machtansprüche und Imponiergehabe, und oft steht auch bei sogenannt guten Taten der Egoismus im Vordergrund.

Im Reservat wird auch mein intensives Interesse an der generellen Verhaltensforschung geweckt, die eng mit der Tierpsychologie in Verbindung steht. Beides verfolge ich nach meiner Rückkehr in einer mehrjährigen Weiterbildung. Was ich zu diesem Zeitpunkt nicht weiß: Fünfzehn Jahre später werde ich in den Wolf Park zurückkehren. Wichtige Jahre liegen hinter mir, in denen viel geschehen ist. Mein Lieblingswolf Sokrates, mit dem ich mich eng verbunden fühlte, ist unterdessen verstorben. Doch als ich den Park betrete, ereignet sich etwas Wunderbares: Einer der Wölfe sucht sofort meine Nähe und verhält sich so zutraulich und freundlich, als würden wir uns schon ewig kennen. Wenig später erfahre ich: Es handelt sich um den Sohn von Sokrates, der die Beziehung zu mir so weiterführt, wie es sein Vater getan hat.

12. Februar 1994

Zurück in der Schweiz, bestimmt und erfüllt die Tierambulanz mein Leben weiterhin. Ich arbeite sieben Tage die Woche, den anstrengenden Tagen folgen intensive Nächte, in denen ich – ausgestattet mit den ersten Mobiltelefonen – die Notfallzentrale betreue und gleichzeitig als Notfallfahrerin im ganzen Kanton Zürich unterwegs bin. An manche Geschichten erinnere ich mich gern, an andere weniger. An diesem eisig kalten Februarmorgen erhalten wir von der Polizei den Auftrag, zwei schwarze Schäferhunde sowie diverse Zebrafinken und Zwerghamster aus einer Wohnung in Zürich zu bergen. Ein »Antrag auf Verfügen eines Tierhalteverbotes«, den ein ausgebildeter Tierpfleger verfasst und der an das kantonale Veterinäramt übermittelt wird, fasst zusammen, welche Situation wir antreffen und in welchem Zustand sich die Vierbeiner befinden: »Die Hunde zeigen gegenüber den Menschen und den

Artgenossen schwerwiegende Verhaltensstörungen. Neues löst Angstreaktionen aus, die für das junge Alter charakteristische Neugierde sowie der Spieltrieb fehlen gänzlich.« Diese Beobachtungen legen den Schluss nahe, dass die Hunde in der Prägungsphase und während der wichtigen Sozialisierungszeit isoliert gehalten wurden und keinen oder nur minimalen Kontakt zur Außenwelt hatten. Nebst den psychischen Problemen sind sie deutlich unterernährt und stark verwurmt. Wir behandeln den Milbenbefall der Ohren, die entzündeten Augen, entwurmen und impfen die Jungtiere und behandeln viele kahle Stellen am ganzen Körper. Vitaminpräparate und Spezialfutter gehören ebenfalls zum Aufbauprogramm.

Der Halter befindet sich in einer geschlossenen psychiatrischen Institution. Von dort aus bombardiert er uns tagtäglich mit Telefonaten. Herr Bolliger* behauptet, in seiner Wohnung seien durch Außerirdische elektrische Leitungen verlegt worden mit dem Zweck, die Hunde und ihn zu kontrollieren. Stunden später erzählt er von einem Besuch im Tierheim, der nie stattgefunden hat: Er sei sicher, dass seine Hunde bei uns im Rahmen von medizinischen Versuchen gequält würden. Diese Telefonate entwickeln sich zur Nervenprobe. Mit anderen Problemen kämpfen die Tierpfleger: Es ist schwierig, die Hunde zu berühren, Schatten, Summtöne oder eine ins Schloss fallende Tür führen zu panikartigen Reaktionen. Wir beschließen ein Spezialtraining, das auf verhaltenstherapeutischen Grundsätzen beruht. Diverse Spezialisten und viel Einfühlungsvermögen sind nötig, bis sich Siri und Rex erholen. Nach einigen Wochen wagen sie sich in den Garten, lassen sich streicheln und sind weniger schreckhaft. Nach zwei Monaten, in denen sie Dutzende von Trainingsstunden durchlaufen und die Menschen als verlässliche Partner kennen lernen, werden die Ge-

---

*Name geändert.

schwister lebhafter und zutraulich und scheinen sich von den physischen und psychischen Strapazen der Vergangenheit so weit erholt zu haben, dass die gemeinsame Weitervermittlung an einen besseren Platz mittelfristig ins Auge gefasst werden kann.

Rund zwei Monate nach der Aufnahme der verwirrten Junghunde wird allerdings ihr Besitzer aus der psychiatrischen Klinik entlassen. Wir hoffen insgeheim darauf, dass er die anfallenden Pflegekosten für Siri und Rex nicht aufbringen kann oder das Interesse an seinen Hunden verloren hat und wir unsere Pläne im Sinn der Tiere umsetzen können. Dafür ist aber seine Verzichtserklärung notwendig, denn unserem Antrag auf ein Tierhalteverbot wurde nicht stattgegeben. Das Veterinäramt beruft sich auf die Einschätzung eines Psychiaters, der argumentiert, Hunde könnten die Genesung seines Mandanten positiv beeinflussen. Der Anruf einer verzweifelten Tierpflegerin weckt mich zwei Tage später. Herr Bolliger begehre Einlass im Tierheim, wolle die Hunde sofort mitnehmen und habe soeben den gesamten Rechnungsbetrag aus der Geldbörse gezogen. Ich bin sofort alarmiert, vor allem weil es an der rechtlichen Grundlage fehlt, um dem Eigentümer die Tiere vorzuenthalten. So müssen die beiden in Zustände zurückkehren, die wir für lebensbedrohlich halten. Noch Wochen später fragen wir uns, was aus den beiden jungen Schäferhunden geworden ist. Leben sie noch? Geht es ihnen gut? Wir haben unsere Zweifel.

10. Dezember 1994

Natürlich ist diese Geschichte noch nicht beendet. Acht Monate später werden wir von einer Liegenschaftsverwaltung kontaktiert.

Ein Mieter sei in eine Klinik eingewiesen worden, und in dessen winziger Einzimmerwohnung würden sich mehrere tobende Schäferhunde aufhalten. Wir führen mittlerweile mit der Tierambulanz Hunderte von Einsätzen pro Jahr durch. Nur so kann ich mir im Nachhinein erklären, warum ich die genannte Adresse nicht sofort mit Siri und Rex in Verbindung bringe. Von der Hauswartin erfahre ich den Namen des Mieters, und im selben Moment erkenne ich auch die beiden laut bellenden und knurrenden Hunde wieder. Aus den vernachlässigten Jungtieren von einst sind gestörte erwachsene Hunde geworden. Ich bin mir sicher, dass ich nichts zu befürchten habe, solange ich die Wohnung nicht betrete, knie mich im Treppenhaus nieder und spreche die beiden durch die geöffnete Haustür an. Bei dieser Gelegenheit erspähe ich auch den Grund für den ganzen Radau: Die Geschwister beschützen ihren Nachwuchs. Vier schwarze Welpen blicken zwischen den Beinen der in Panik geratenen Mutter hervor, während der wesentlich mutigere Vater den unerwünschten Besuch bellend in die Flucht zu schlagen versucht. Ich betrete das Zimmer, befinde mich nun im Territorium der Hunde und ignoriere sie deshalb vorerst. Ob sie mich erkennen, weiß ich zu diesem Zeitpunkt nicht.

Ich ziehe die Rollläden hoch, fotografiere das chaotische Zuhause, um in Besitz einer Dokumentation zu gelangen, die ich bei Bedarf verwenden kann. Da stockt mir der Atem: Auf einem kleinen Tisch liegt eine blutverschmierte Schere. Ich möchte die Hunde sofort auf Verletzungen untersuchen, muss ihnen aber Zeit lassen, damit sie sich an meine Anwesenheit gewöhnen. Nach rund einer Stunde tapsen die dreimonatigen Welpen vertrauensvoll auf mich zu: Einem fehlt ein Ohr, und an seiner rechten Schulter klafft eine Wunde. Es sieht so aus, als seien die Hundebabys auch unterschiedlich schwer, was darauf hindeutet, dass einige von ihnen Hunger leiden mussten.

Von der Hauswartin erfahre ich, es seien ursprünglich sechs Jungtiere gewesen – jetzt sind es nur noch vier. Die gesamte Hundefamilie in unseren Transporter zu verfrachten, dauert lange. Während seine Geschwister Schutz bei der Mutter suchen, zeigt sich der einohrige Welpe, ein frecher und lebhafter Kerl, wenig beeindruckt von der neuen Situation, die seinen Vater weiterhin in größte Aufregung versetzt.

Ähnlich wie vor acht Monaten kümmern sich die Tierpfleger in den folgenden Wochen um den physischen und psychischen Zustand der nun sechsköpfigen Hundefamilie. Abermals ist ein ausgefeiltes Training notwendig, um die Tiere an die Außenwelt zu gewöhnen und sie gesundheitlich auf Vordermann zu bringen. Gleichzeitig hat die Durchsetzung des Tierhalteverbotes nun oberste Priorität. Bereits am ersten Tag biete ich den Bezirkstierarzt für eine genaue Untersuchung auf, der seinen Bericht wenig später dem kantonalen Veterinäramt zukommen lässt. Ich selbst verfasse ebenfalls einen Rapport über die Bergung der Tiere, den Zustand ihrer Behausung und lege das Bildmaterial bei. Zehn Tage später erhalten wir die Kopie eines Schreibens an Herrn Bolliger, gegen den das Amt – gestützt auf unsere Unterlagen – ein allgemeines Tierhalteverbot von unbestimmter Dauer verfügt hat. Uns allen fällt ein Stein vom Herzen, denn jetzt können wir uns um die Zukunft der geplagten Hunde kümmern, die noch viel zu lernen haben, bevor sie an geeignete Besitzer weitervermittelt werden können.

Sorgen bereitet uns das einohrige Hündchen. Wir geben ihm den Namen Balou. Während die anderen Geschwister ebenso wie Siri und Rex bald ein besseres Zuhause erhalten, will niemand das ramponierte Tier. Seine Verstümmelung, die kahle Stelle an der verletzten Schulter, aber auch bleibende Gelenkprobleme machen aus ihm einen schwer vermittelbaren Kandidaten. Wir wissen: Äußerlich ist Balou vielleicht versehrt, aber sein Herz ist groß, und sein lebhafter und aufgeweckter Charakter begeistert die gesamte Belegschaft.

2. März 1995

Nach einigen Monaten, in denen wir uns nicht gesehen haben, hinkt der groß gewordene junge Hund winselnd auf mich zu, als ich ihn besuche. Es bricht mir das Herz, Balou so zu sehen, gleichzeitig freue ich mich, dass er mich erkennt. Aus tierschützerischer Sicht ist ein lebenslanger Heimaufenthalt problematisch. Es wird alles darangesetzt, dass den Tieren dieses Schicksal erspart bleibt, doch in diesem Fall scheint es nicht zu gelingen. Zwischen Balou und mir ist es Liebe auf den zweiten Blick. Oft werde ich in den kommenden Jahren gefragt, wie ich meine eigenen Tiere aussuche, da ich mit Tausenden in Kontakt komme und somit quasi die Qual der Wahl hätte. Doch es verhält sich anders: Die Tiere suchen mich aus. In den folgenden Tagen hadere ich mit vielen Fragen, die sich in Zusammenhang mit der unglücklichen Schäferhundefamilie und insbesondere mit Balou stellen, den niemand will: Kann das der Sinn unserer Arbeit sein? Ich sehe ihn als Opfer eines kranken Menschen, der in meinen Augen vor allem ein psychopathisch veranlagter Tierquäler ist. Wenn ein Lebewesen keine Schuld an dieser Situation trifft, dann ist es dieser tapfere Hund.

Nach Feierabend fahre ich in unser Tierheim, lasse mich von der Tierärztin über Balous gesundheitliche Probleme und die schwierige Behandlung seiner Schmerzen in Kenntnis setzen, packe die nötigen Medikamente in meine Tasche und kehre mit dem Jungtier im Schlepptau nach Hause zurück. »Damit du es weißt«, informiere ich den drollig dreinblickenden Patienten, »du bleibst nur so lange, bis du ganz gesund bist.« Er blickt mich mit großen Augen an und wedelt heftig mit seinem überlangen Schwanz. Er glaubt mir nicht, und zu Recht. Balou bleibt und bereichert fortan mein Leben. Mit seiner Fröhlichkeit und Frechheit. Mit seiner unnachahmlichen Sanftmut und Dankbarkeit.

17. April 1996

Bereits in frühen Jahren entwickle ich weiter, was später unter anderem zu den Grundpfeilern meiner eigenen Stiftung gehören wird. Qualitätskriterien zur Tierschutzarbeit werden ausformuliert, die Arbeit transparent gemacht, aber auch den tierpflegerischen Kriterien sowie der Schulung der Mitarbeitenden schenke ich im Rahmen unserer bescheidenen Möglichkeiten früh Aufmerksamkeit. Gleichzeitig treibe ich meine eigene Weiterbildung in kleinen Schritten, jedoch konsequent voran. So lasse ich mich unter anderem zur Pferdesamariterin ausbilden und besuche einen Zootier-Ernährungskurs an der Volkshochschule Zürich. Durch mein Ethologie-Praktikum bei den Wölfen darin bestärkt, absolviere ich eine zweijährige berufsbegleitende Ausbildung zur diplomierten Tierpsychologin. Ich wähle einen Studiengang des Instituts für angewandte Ethologie und Tierpsychologie (I. E. T.), der das Verhalten der Menschen mit demjenigen der Tiere verbindet. Der international bekannte promovierte Verhaltensforscher Dennis Turner wird mein Lehrer.

Sein Wissen wird fortan auch meine Tierschutzarbeit prägen. Zu meiner Ausbildung gehört theoretisches Grundwissen über einzelne Heimtiere, vor allem aber lerne ich zu unterscheiden: zwischen verhaltensgestörten Heimtieren und solchen, die einfach schlecht erzogen sind. Aus dem Alltag weiß ich natürlich, dass die Gründe für das auffällige Verhalten von Tieren häufig im Umfeld und in deren Haltung liegen. Zeitnot, wenig Geduld und mangelndes Fachwissen stehen manchen Tierbesitzern im Weg, um jene Voraussetzungen zu schaffen, die eine befriedigende und langfristige Beziehung zu ihren Haustieren ermöglichen. Sich diesbezüglich zu informieren und zeitintensive Interventionen nicht zu scheuen, ist effizienter, als sich später den auftretenden Problemen widmen zu müssen.

Die sogenannte Tierpsychologie entwickelt sich bereits in den Jahren meiner Ausbildung zu einem Trendthema mit bald Hunderten von selbst ernannten Experten im Bereich Coaching, Heilung, Erziehung und Tierkommunikation. Schnell werden Fernkurse zu diesen Themen angeboten: Manche davon sind besser, andere ganz einfach schlecht. Ich lerne Fachleute kennen, die Erstaunliches bewirken können und mit denen sich eine gute Zusammenarbeit im Sinn der Tiere entwickelt. Allerdings stellen sich auch sogenannte Spezialisten vor, die zwar genau wissen, wie sich eine Katze verhält, aber keine Ahnung haben, wie man das Tier anfasst. So werden auch Verhaltensweisen zu Problemen hochstilisiert, die keine sind: Der Hund bellt. Er will rennen und springen. Die Katze gehorcht nicht. Solche artspezifischen Verhaltensweisen sind normal, und außerdem: Auch Tiere haben schlechte Tage, verhalten sich nicht immer gleich und sollten als individuell agierende Lebewesen betrachtet werden.

Die meisten Tierfreunde werden aufgrund solcher Belehrungen den Kopf schütteln, weil sie das alles wissen. Und doch werde ich in meinem Alltag zunehmend mit Menschen konfrontiert, die ihre Tiere zwar verstehen möchten, deren Reaktionen aber auch unter Beizug von professioneller Hilfe oft nicht nachvollziehen können. Gelingen Veränderungen im Verhalten nicht prompt und ohne großen Aufwand, wird die Mensch-Tier-Beziehung im schlimmsten Fall abgebrochen. Vor allem Hunde, die sich nicht auf Knopfdruck »reparieren« lassen, gelangen dann in großer Anzahl in unsere Obhut. Eine der schwierigsten Aufgaben von Tierpsychologen ist nicht etwa der Umgang mit verhaltensgestörten Tieren. Vielmehr ist es der Umgang mit Besitzern, die nichts an ihrer Haltung ändern wollen, allerdings viel Geld für ein Medikament ausgeben würden, wenn dieses den Hund so kurieren könnte, wie sie es sich vorstellen. Doch diese Zauberpille gibt es leider nicht.

Mit diesem Wissen im Hinterkopf verfolge ich meine Ausbildung zur Tierpsychologin mit Schwerpunkt Ethologie. Pragmatisch veranlagt, beende ich den Lehrgang mit einer Abschlussarbeit, die sich den Problemen in meiner Realität widmet. Durch meine Recherchen, die mich in unzählige Tierheime der ganzen Schweiz führen, weiß ich von einer Problematik, die uns die Arbeit erschwert, vor allem aber den Neuanfang für die betroffenen Tiere innert nützlicher Frist verunmöglicht. Bei den sogenannten Fundtieren, die in der Schweiz jedes Jahr tausendfach in den Heimen landen, gilt es mittels eines sogenannten Pflegevertrags eine Frist von fünf Jahren einzuhalten, in denen die Besitzer ihre Lieblinge theoretisch zurückfordern können. Wer seine verloren gegangenen Tiere finden will, ist in der Regel nach wenigen Wochen erfolgreich, die meisten aber wollen von den einstigen Freunden nichts mehr wissen, verhalten sich still und bleiben unauffindbar. Diese Tiere, die man trotzdem nur mit der Zusatzinformation abgeben darf, dass die ursprünglichen Besitzer Hunde, Katzen, Meerschweinchen und Kaninchen innerhalb von fünf Jahren wieder zurückfordern können, haben einen schweren Stand. Sie können natürlich auch nicht fünf Jahre lang im Tierheim bleiben. Meine Abschlussarbeit – eine Evaluation über zugelaufene Tiere in Tierheimen und die Wartefrist bis zur Rückgabe an die Halter – ist darum mit einem Verbesserungsvorschlag verbunden: die Wartefrist für die Weitervermittlung von zugelaufenen Tieren von fünf Jahren auf zwei Monate zu verkürzen. Dieses Fazit führt schließlich zu einer gesetzlichen Veränderung auf gesamtschweizerischer Ebene.

29. September 1996

Die Öffentlichkeitsarbeit betreibe ich in bescheidenem Umfang, jedoch konsequent voran. Ich kreiere Flyer und kleine Zeitschriften, die ich auf dem Kopiergerät vervielfältige. Da ich mit vielen Medienvertretern eine gute Beziehung pflege und immer wieder über meine Anliegen sprechen darf, ist unsere Tierschutzarbeit nun bei weiten Teilen der kantonalen Bevölkerung und bei den zuständigen Behörden im Bewusstsein verankert. Lange Zeit sammeln wir Geld bei Spendern, die unsere Aktivitäten unterstützen und finanzieren.

Ein solches Vorgehen ist bei den Tierschutzorganisationen gang und gäbe. Tierheime und Tierschutzvereine erhalten in der Schweiz keine Unterstützung aus der öffentlichen Hand, sondern sind für die Finanzierung ihrer Arbeit allein verantwortlich. Ist kein entsprechendes Organ für die Verwaltung der Spendengelder zuständig, werden diese auf ein Privatkonto einbezahlt, was allerdings dazu führt, dass die Betreiber unter dem Strich schalten und walten können, wie sie wollen, da sie ja nicht kontrolliert werden. Ich rege also früh die Gründung eines Vereins an. Somit ist zumindest unser Auftrag – die Finanzierung der Rettung von Tieren ohne Besitzer – statutarisch festgelegt. Viele der verunfallten Tiere, die zu uns gelangen, kehren zu ihren Besitzern zurück, die sich an den Bergungs- und Behandlungskosten beteiligen. Die Kosten für jene heimatlosen und ungewollten Tiere hingegen, die bei uns Unterschlupf finden und teilweise intensive Behandlungen benötigen, werden voll und ganz vom eigens dafür gegründeten Verein getragen.

Wie bereits angedeutet, arbeite ich Tag und Nacht an der Front. Da ich eine genaue Einsicht in die Finanzen wünsche, figuriere ich auch als Präsidentin des Unterstützungsvereins. Für die Spendeneinnahmen teilen sich mein Vater und ich die Kollektivunterschrift. Geld kann nur abgehoben werden, wenn zwei Vorstandsmitglieder unterschreiben. Bei rund hundert Rettungseinsätzen pro Monat und vielen zusätzlichen heimatlosen Tieren in unserem Tierheim kenne ich jeden Hamster, der zu uns gelangt. Eines Nachts sitze ich über der Buchhaltung und stelle fest, dass zwei mir unbekannte Tiere in der Rechnung an den Unterstützungsverein aufgeführt sind. Ich kontrolliere die Gehege, gleiche Listen und Dossiers ab, komme aber zu keinem anderen Resultat. Ein Fehler? Ein Missverständnis? Wahrscheinlich. Etwas anderes ist für mich unvorstellbar. Zwei Wochen später ereignet sich Ähnliches. Ich bin ratlos. Es handelt sich um Beträge von ein paar hundert Franken, doch mir geht es um das Prinzip. Weil auch aus der Vereinskasse Geldbeträge bezogen worden sind, spreche ich meinen Vater darauf an. Er versichert, das Geld zurückbezahlen zu wollen. Doch das geschieht nicht.

Ich stecke in einem Dilemma, bin mir über die Konsequenzen im Klaren, die allfällige Aktionen auslösen werden. Ich ringe mit mir, befrage Motivation und Gründe, die mich dazu bewegen, diesen Missstand nicht dulden zu wollen. Ich will nichts überstürzen. Jeder Mensch hat eine zweite Chance verdient. Ich rede mir gut zu und hinterfrage nun auch mein Bedürfnis, nichts zu machen, abzuwarten, Gras über die Sache wachsen zu lassen. Gleichzeitig wächst der innere Widerstand. Ich bin nicht nur sehr verärgert, sondern vor allem maßlos enttäuscht. Vater führt unsere Unterstützer hinters Licht, vor allem aber verwendet er finanzielle Mittel, die für den Schutz der Tiere und die Verbesserung ihrer Lebensqualität gedacht sind, für private Zwecke. Sein Engagement stelle ich nun grundsätzlich infrage. Zudem gefährdet er die jahrelange Aufbauarbeit und riskiert offensichtlich bedenkenlos, dass mein Name, der mit dem Verein in Verbindung steht, beschmutzt werden könnte. Welche Rolle Mutter dabei spielt, entzieht sich meiner Kenntnis.

Als mich unser Treuhänder wenig später darauf hinweist, dass ein Geldbetrag, den mein Vater erneut aus der Vereinskasse als Vorschuss bezogen hat, ausstehend ist, stellen wir ihn gemeinsam zur Rede. Er gelobt erneut Besserung: Ein solcher Vorfall werde sich nie mehr ereignen. Ich zweifle bereits an seiner Integrität, und tatsächlich steht er am nächsten Tag erneut vor meinem Schreibtisch. Seine Forderung: Ich solle sofort einen Scheck in der Höhe von zehntausend Franken aus dem Vereinskonto unterschreiben. Ich verweise auf das Gespräch mit unserem Treuhänder und das Abkommen, dass solche Vorschüsse kein Thema mehr sind, verweigere die Unterschrift dezidiert und bleibe zu meinem eigenen Erstaunen ganz ruhig. Er reagiert mit einem Wutanfall, doch ich gebe seinen Einschüchterungsversuchen nicht nach, die in der Drohung enden, sämtliche Tiere, die sich in unserer Obhut befinden, zu töten.

Als Inhaber der Tierambulanz hat Vater die Befugnis, Kündigungen auszusprechen, und ich weiß, was als Nächstes geschehen wird. Als Zeugin rufe ich eine Mitarbeiterin hinzu und erkläre ihr in Anwesenheit meines Vaters, wie seine Drohung lautet: »Er entlässt uns alle fristlos, wenn ich mich weiterhin weigere, diesen Scheck über zehntausend Franken Vereinsvermögen an ihn zu unterschreiben.« Minuten später nimmt er mir alle Schlüssel ab und setzt mich auf die Straße. Ich bin wie betäubt und kann, obwohl ich auf diese Situation vorbereitet bin, nicht fassen, was passiert ist. Ich befürchte den finanziellen Ruin der Tierambulanz, zu dem mit meiner Entlassung Tür und Tor geöffnet worden ist. Noch immer aufgewühlt, suche ich einen befreundeten Tierschützer und Juristen auf. Als Erstes serviert er mir einen Schnaps. Danach gibt er seine Einschätzung zur Lage ab und bestätigt mich in meiner Meinung, dieses Verhalten nicht zu dulden, da alles andere einem stillen Einverständnis gleichkommen würde.

Ein Gewissenskonflikt besteht nicht mehr, seit ich Vaters Beteuerungen und Versprechungen als Lügen erkennen musste, hinter denen ich heute sogar ein System vermute. Der Spendengeldskandal beschäftigt verschiedene Zeitungen wochenlang. In der Öffentlichkeit mimt der Schuldige den leidenden Vater. In Wahrheit bedroht er mich und meine Tiere erneut mit dem Tod. Mutter meldet sich kein einziges Mal bei mir. Sie fragt nicht nach, will nichts wissen.

Allein die enge Beziehung zu meiner Großmutter bleibt bestehen – auch als sie schwer krank wird. Nach einem Zusammenbruch rufen mich Verwandte an und bitten mich, nach ihr zu sehen: Sie befindet sich in einem furchtbaren Zustand, ich bringe sie sofort ins Krankenhaus. Es ist Krebs, die Prognosen sind nicht gut. Es ist unglaublich schmerzhaft, meine Großmutter leiden zu sehen, und ich fürchte mich davor, den einzigen Menschen aus meiner Familie zu verlieren, der mir etwas bedeutet. Nach einer Notoperation kann sie nach Hause zurückkehren. Ich helfe ihr beim Umzug in eine kleinere, moderne Wohnung. Wir sehen uns regelmäßig. Nach meinen Arbeitseinsätzen bringe ich jeweils Bilder mit und erzähle von meinen Erlebnissen. Aber als sie im Sterben liegt, meldet sich niemand bei mir. Später erfahre ich, dass Oma ununterbrochen nach mir gefragt hatte, doch ihre Bitten wurden nicht weitergeleitet. Dass ihr letzter Wunsch, mich noch einmal zu sehen, keine Erfüllung fand, bereitet mir bis zum heutigen Tag großen Kummer.

Obwohl ich keinen Kontakt mehr zu meiner Familie pflege, soll mich, kurz bevor die Frist einer Konkursanzeige verstreicht, ein Strauß roter Rosen umstimmen. Es geht wie immer um Geld. Ich lasse mich nicht von meinem Weg abbringen. Den können offenbar auch andere Menschen nur schwer nachvollziehen. Harte Vorwürfe, Beleidigungen und Anschuldigungen von wildfremden Menschen prasseln auf mich nieder. Ich hätte schweigen sollen. Beruflich stehe ich vor einem Scherbenhaufen, denn mein Name steht mit dem Verein in Verbindung. Doch nicht nur den Tieren bin ich das Weitermachen schuldig, sondern auch all den Menschen an unserer Seite, die ebenfalls enttäuscht worden sind. Viele dieser Frauen und Männer, das stelle ich in den folgenden Monaten fest, unterstützen meinen Neuanfang stillschweigend. Sie geben mir zu verstehen, dass ich richtig und vielleicht sogar mutig gehandelt habe, dass sie an mich und mein Team glauben: Mit ihren Spenden fordern sie uns zum Weitermachen auf.

Es bedeutet mir unglaublich viel, eigentlich alles, dass sie mich nicht fallen lassen, sondern durch diese persönlich wie beruflich harte Zeit tragen. Dennoch wirft uns der Skandal um Jahre zurück. Netzwerke, freiwillige Helfer, Fachkräfte sowie sämtliche Ämter und offiziellen Stellen müssen erneut überzeugt werden, dass sie uns vertrauen können. Aufgeben ist keine Option. Auch weil ich mein Wort halten will: nachhaltigen Tierschutz zu leisten.

27. Februar 1997

Der Spendengeldskandal geht mit einem enormen Imageverlust einher, die Verunsicherung ist bei vielen Menschen groß. Die restlichen Vereinsvorstandsmitglieder und ich erkennen, dass die gesamte Organisation neu aufgebaut werden muss. Daher benennen wir den alten Verein neu »TierRettungsDienst – Leben hat Vortritt«. Meine Arbeit beim lokalen TV-Sender Hasli TV führe ich ehrenamtlich weiter. Gleichzeitig muss ich mich als Arbeitslose nach einem bezahlten Job umsehen, der glücklicherweise schnell gefunden ist. Als Journalistin im Bereich »Tiere und Tierschutz« darf ich meine Anliegen nun in verschiedenen Zeitschriften und im Radio thematisieren. Zu diesem Zeitpunkt werden verschiedene private TV-Stationen gegründet, die Formate zur Tiervermittlung planen. Bald erhalte ich eine Anstellung beim Privatsender Züri 1. Die Präsenz vor einem immer größer werdenden Fernsehpublikum, das sich für den Tierschutz interessiert, erweist sich in den folgenden Monaten als effektiver als unsere bisherigen Versuche, mit Informationskampagnen und Flyern auf Probleme in Zusammenhang mit dem Kauf und der Haltung von Haustieren aufmerksam zu machen. Zudem können über diesen Kanal bald Hunderte von heimatlosen Tieren an neue Halter vermittelt werden.

Bei Züri 1 höre ich zum ersten Mal in meinem Leben, dass ich gar nicht so unansehnlich bin, wie meine Mutter immer behauptet hat. Die Bemerkung eines Chefredaktors, ich sei hübsch, halte ich dennoch für eine Hänselei. Ich trage vor allem Sportkleidung und bezeichne meinen Look als »unkompliziert«. Bevor ich am Morgen aus dem Haus gehe, benötige ich im Bad nicht mehr als zehn Minuten Zeit. Ich dusche, ziehe frische Kleider an und kämme mich. Mehr ist für die Arbeit mit Tieren nicht nötig, und mehr ist auch für meine Auffassung von Schönheit nicht nötig: Ich bin der Meinung, dass diese nicht von Kosmetika und goldenen Locken abhängt.

Die TV-Profis sind allerdings anderer Meinung. Der Figaro greift in meinen Haarschopf und ist fassungslos. Als wäre ich nicht anwesend, erklärt er meinem Chef: »Ich bin Friseur, kein Zauberkünstler.« Als das Beauty-Team sein Werk abgeschlossen hat, inklusive akkuraten Zupfens der Augenbrauen und eines Hautoptimierungsprogramms, erhalte ich noch ein modisches Outfit, das zum Einsatz kommen soll, wenn ich im Studio Experten des Tierschutzes befrage. In den gemusterten Röcken und Blusen fühle ich mich anfänglich unwohl, auch die transparenten Strumpfhosen und die Pumps entsprechen mir nicht. Doch ich sage mir, dass der Zweck die Mittel heiligt. Zum ersten Mal wird mir bewusst, dass Kleider Leute machen und nicht nur die fachliche Kompetenz, sondern auch das Aussehen eine Rolle spielen kann, will man sich Gehör verschaffen. Jedenfalls lasse ich nun meine Haare wachsen, färbe sie blond und wende die vermittelten Schminktipps auch im Alltag an.

Von da an werde ich immer wieder auf mein Aussehen angesprochen. Plötzlich findet man mich attraktiv. Die meisten ergänzen das Kompliment allerdings mit dem Satz: »Ich dachte bisher immer, Tierschützerinnen seien ungepflegt und hässlich.«

10. Februar 1998

Mit der Gründung von Tele 24 entfällt meine Tiersendung auf Tele Züri. Dafür erstelle ich TV-Beiträge für die Nachrichtenblöcke. Das ist ein Fortschritt, denn bisher haben entsprechende Meldungen ein stiefmütterliches Dasein gefristet. Je nachdem, ob die entsprechenden Polizeistellen es für wichtig erachten, werden tierquälerische Zustände und andere kriminelle Aktionen in Zusammenhang mit Tieren bekannt gemacht oder eben nicht. Ich bin überzeugt: Eine zunehmend sensibilisierte Bevölkerung hat – ähnlich wie bei anderen Verbrechen – ein Recht darauf, von diesen Vorfällen zu erfahren. In meiner Rolle als Fachjournalistin gehe ich auch diesbezüglichen Hinweisen unserer Zuschauer nach.

Bald darf ich Dokumentarfilme drehen und setze mich darin mit vielen Tierschutzproblematiken vertieft auseinander. Die Arbeit macht mich glücklich. Weil ich den »TierRettungsDienst« und die Unterbringung unserer Schützlinge in besten Händen weiß, kann ich mein journalistisches Pensum erhöhen und verdiene nun mit den Reisen, die mich weiterhin durch die Schweiz, allerdings auch bald durch ganz Europa führen, meinen Lebensunterhalt. Ich bin Gast im Tierspital, besuche Kadaversammelstellen, bin bei einem internationalen Zootiertransport dabei, filme von Lawinen verschüttete Gämsen, darf den Filmwal Keiko in Island besuchen. Der Besuch der ältesten Ziegenhirtin der Schweiz auf ihrer Alp ist zwar anstrengend, aber anrührend, während der Beitrag über den Schlachtpferdemarkt in Frankreich mich emotional an meine Grenzen bringt. Madagaskar, Mallorca und Schwedisch-

Lappland – im Verlauf von drei Jahren gehe ich Tierschutzthemen in den verschiedensten Ländern der Welt auf den Grund. Die dabei gemachten Erfahrungen prägen mein weiteres Leben und auch das vieler Tiere.

26. März 1998

Als Videojournalistin bediene ich die Kamera, bin für den Ton, das Drehbuch, die Regie und den journalistischen Inhalt meiner Beiträge verantwortlich. Schwer bepackt befinde ich mich in der Türkei: Die moderne Schimpansenanlage im Bosporus-Zoo bei Istanbul lockt viele Besucher an. Ein besonderer Publikumsmagnet sind vier Tierbabys, die mit ihren Kapriolen und unbeholfenen Gesten die Herzen der Zuschauer im Sturm erobern. Zu Schimpansen pflege ich ein spezielles Verhältnis, schon seit ich als Vierjährige den Puppenwagen durch das Dorf geschoben habe. Eine Frau fand das süß, blickte in den Wagen und rief erstaunt: »Da liegt ja gar kein ›Bäbi‹ drin, sondern ein Plüschaffe!« Ich weiß noch, dass ich sie empört zurechtwies: »Judy ist kein Affe, sondern ein Schimpanse.«

Nicht nur in ihrer Genetik, dem Aussehen, auch in manchen Verhaltensweisen sind sie den Menschen verblüffend ähnlich. Der Anblick der putzigen Tiere im Zoo fällt mir dennoch schwer, weil diese Attraktion einer eigentlichen Tragödie zu verdanken ist. Schimpansenmütter trennen sich niemals freiwillig von ihrem Nachwuchs. Bei Wilderern ist dieser aber so beliebt, dass die Muttertiere getötet werden. Anstatt von diesen gesäugt und umsorgt zu werden und in der Schimpansengruppe wohlbehütet aufzuwachsen, gelangen die geraubten Säuglinge narkotisiert in Koffern, Kisten und manchmal sogar als Menschenkinder getarnt über die Grenzen südlicher Länder mit großen Tourismusregionen. Wertvoll sind die Jungtiere für die neuen Besitzer wegen ihrer Ähnlichkeit mit den Menschen. Betteln die geschwächten Tierbabys auf Märkten oder am Strand wimmernd und mit ausgestreckten Ärmchen um Schutz und Zuneigung, kann kaum ein Gast widerstehen: Sie geben dem Affenbesitzer das geforderte Geld und lassen sich zusammen mit dem verwaisten Wildtier fotografieren.

Dies geschieht im Normalfall aus Unwissenheit. Die Touristen sehen sich in dieser Situation meist als Tierfreunde. Traurigerweise tragen sie aber zum Elend bei, denn wenn das sommerliche Geschäft vorbei ist, verkaufen die Schimpansenhalter die größer gewordenen Tiere an den meistbietenden Käufer und eignen sich in der nächsten Feriensaison neues Diebesgut an. Seit dem Beitritt der Türkei zum Washingtoner Artenschutzabkommen werden strengere Kontrollen durchgeführt und immer wieder geschmuggelte Schimpansenkinder beschlagnahmt. Einige dieser Jungtiere landen dann im türkischen Bosporus-Zoo. Hier werden sie von der Ersatzmutter Justin erzogen, die aus der Schimpansengruppe des Walter-Zoos im sankt-gallischen Gossau stammt.

Die herumtollenden Affenkinder, die ich an diesem Tag mit gemischten Gefühlen beobachte, können durch ihre Artgenossen noch sozialisiert werden. Ältere Tiere verpassen diese Chance, womit ihnen auch die Aufnahme in einen Zoo oder Tierpark verwehrt bleibt, da sie ohne den sozialen Konsens Außenseiter bleiben und in keiner Gruppe Aufnahme finden. Im besten Fall nehmen sich private Halter der Jungtiere an. Doch das böse Erwachen findet statt, wenn sie erkennen müssen, dass die anhänglichen Schimpansen ihr gewaltiges Gebiss und die unglaubliche Körperkraft im späteren Alter auch gegen enge Bezugspersonen einsetzen können.

3. Mai 1998

Ich bin wieder zu Hause und setze eine Einsicht in die Tat um: Wir benötigen dringend zusätzliche Unterbringungsmöglichkeiten für die Tiere sowie Büroräumlichkeiten für die organisatorischen und administrativen Aufgaben. Der Verein »TierRettungsDienst« nutzt eine günstige Gelegenheit, kauft eine Liegenschaft und eröffnet das Tierheim Pfötli. Das Bauernhaus in Winkel bei Bülach mit Stall und viel Umschwung erscheint mir wie ein Paradies für Tier und Mensch. Vieles funktioniert halb professionell, gleichzeitig weiß ich um strukturelle und organisatorische Stolpersteine, die die mittelfristige Existenz eines Tierheimbetriebes gefährden können, und lege ein spezielles Augenmerk darauf. Beim Rest improvisieren wir fachmännisch, wie ich es salopp nenne, denn rückblickend betrachtet, herrschen bisweilen chaotische Zustände. Doch wir können auf einen neuen Stamm von freiwilligen Helfern und Helferinnen zählen, die sich an der Renovation der Unterkunft beteiligen.

So entstehen geräumige Gehege mit zusätzlichen Rückzugsmöglichkeiten und Schattenplätzen im Freien. Lange bevor die gesetzlichen Bestimmungen zum Vorteil der Tiere verändert werden, achten wir darauf, dass optimale Licht- und Temperaturverhältnisse herrschen. Bauliche Vorgaben und Zonenregelungen machen die Erneuerungen bisweilen zu einer Herausforderung. Jeder Zaun muss bewilligt und die Nachbarschaft davon überzeugt werden, dass sie keinen belastenden Lärm- und Geruchsemissionen ausgesetzt sind. In den folgenden Jahren müssen wir unsere baulichen Veränderungen stets den neusten Bestimmungen anpassen: Vorgaben der Baubehörden zentimetergenau befolgen, feuerpolizeiliche Vorschriften umsetzen, Boxengrößen ändern. Wir wissen: Viele andere Tierheimbetreiber scheitern an diesen Vorgaben, die mit finanziellen Ausgaben verbunden sind. Ich ächze ebenfalls, denn im schlimmsten Fall baut man regelkonform, muss nach kurzer Zeit jedoch neue gesetzliche Vorgaben befolgen und erneut alles verändern.

Wie so oft in schwierigen Situationen erhalten wir plötzlich von unerwarteter Seite Hilfe. Viele Firmen und Unternehmen zeigen spontan Bereitschaft, uns mit Beton, Holz, Kies, aber auch mit veterinärmedizinischen Utensilien sowie mit Futter zu unterstützen. Die Begleitung der baulichen Maßnahmen und die spätere Gestaltung der Außenanlagen mit vielen einzeln gespendeten und gepflanzten Büschen und Bäumen sind für mich im praktischen Bereich eine eigentliche Weiterbildung. Aber auch in organisatorischer und planerischer Hinsicht eigne ich mir mit diesem Projekt jene Erfahrungen an, die mich weiterbringen und dazu führen, dass ich bald unzählige Tierheimoptimierungen durchführen und begleiten werde.

20. Juni 1998

Das »Pfötli« ist unser ganzer Stolz und entwickelt sich zu einer bestens funktionierenden Drehscheibe zwischen dem »TierRettungsDienst« sowie unseren Schützlingen, die wir betreuen, aufpäppeln und an neue Plätze vermitteln: Hunde, Katzen, aber auch Reptilien, Vögel, Nager, Ziegen. Gestern gelangte ein schneeweißes Schäfchen in unsere Obhut. Es landete mit gebrochenen Vorderbeinchen achtlos auf einem Misthaufen und wäre dort elendiglich gestorben, hätte nicht ein aufmerksamer Wanderer sein leises Blöken gehört. Die medizinischen Interventionen, um Micky zu retten, sind teuer. Wir müssen absprechen und entscheiden, ob wir diese Ausgaben tätigen können und wollen. Es liegt in unserer Verantwortung, die Gelder unserer Spender so zu verwenden, dass möglichst viele Tiere gerettet werden können. Ausgebildete Tierpfleger, die nun zu unserem Team gehören, ebenso wie Tierärzte, die zu reduzierten Tarifen arbeiten, beraten sich auch in diesem Fall ausgiebig mit den Tierschützern. Wir alle bringen es einfach nicht fertig, das lebensfrohe Geschöpf seinem Schicksal zu überlassen, was zwangsläufig den Tod bedeuten würde. Noch heute erfreue ich mich an Fotografien, auf denen Micky mit eingegipsten Vorderbeinchen frech und aufgeweckt in die Kamera blickt. Sein Leben endet nicht auf einem Teller. Er verbringt glückliche Jahre in einer privaten Schafhaltung auf einer großen Weide im Kanton Thurgau.

Was ich sagen möchte: Mit Liebe und Mitleid allein lässt sich ein gutes Tierheim nicht führen. Aber auch wir entscheiden mit dem Herzen. Dennoch liegt das Hauptaugenmerk unserer Arbeit auf jenen Aufgaben, die über den warmen Schlafplatz, das Futter und den Wassernapf hinausgehen: Veterinärmedizinische Versorgung, Umgang und Training mit den Tieren, Reinigung und Unterhalt der Gehege und vieles mehr stehen auf dem tagtäglichen Programm unserer Tierpfleger. Bald eröffnen wir eine Quarantänestation, bauen den veterinärmedizinischen Bereich aus und arbeiten mit Fachkräften zusammen, die auch Krankheiten eruieren können, die mit bloßem Auge nicht erkennbar sind. Alle Untersuchungen, Ergebnisse und Behandlungen werden nun in einzeln geführten Dossiers festgehalten.

22. Juli 1998

Es ist Sommerzeit, und je näher die großen Ferien rücken, desto mehr Tiere verlieren ihr Zuhause. Sämtliche in Zürich verfügbaren Helfer sind unterwegs, um unerwünschte Vierbeiner abzuholen. Laufend klingeln unsere drei Telefonlinien, und am Aufnahmeschalter bilden sich sogar Warteschlangen. Oft sind die Tiere bereits seit Monaten unerwünscht, und in entsprechend schlechtem Zustand befinden sich viele von ihnen, wenn sie in unsere Obhut gelangen. Ein Beckenbruch, der nicht bemerkt worden sein will, versäumte Impfungen und unbehandelte Krankheiten, aber auch Spuren von körperlichen Misshandlungen und seelische Vernachlässigungen sind häufig. Katzen, Hunde, Meerschweinchen, Mäuse, Schildkröten, Frettchen, Ratten, Chinchillas und Schlangen: Wenn Sonne, Strand und Meer locken, werden die einstigen Lieblinge abgeschoben, wobei handfeste Lügen und abstruse Erklärungen die Weggabe rechtfertigen. »Der Hund bellt. Darum muss er weg«, erklärt mir eine Dame im Brustton der Überzeugung. Meine Frage »Frisst er auch?« findet sie nicht lustig.

Unsere Informationskampagnen tragen zwar bescheidene Früchte, wie wir im Alltag feststellen, denn die Zahl an ausgesetzten Tieren nimmt ab. Doch dies gilt leider nicht zur Ferienzeit, weder im Sommer noch im Winter, und so gelangen weiterhin zahlreiche Fundtiere zu uns. Menschen, die ihre Vierbeiner aussetzen, können nicht eruiert werden, denn Hunde und Katzen müssen noch immer nicht gechipt werden. An Straßenpfosten angebundene oder aus dem fahrenden Auto geworfene Tiere, aber auch solche, die bei Minustemperaturen im Wald ausgesetzt werden, sind keine Seltenheit. Den sicheren Tod ihrer einstigen Lieblinge nehmen auch jene Besitzer in Kauf, die Wellensittiche und andere exotische Vögel einfach davonfliegen lassen.

Dass ausgesetzte Vierbeiner lange Wegstrecken zurücklegen und zielsicher wieder nach Hause gelangen, ist eine erstaunliche, für manche Menschen aber ärgerliche Tatsache. So töten sie die lästig gewordenen Tiere ganz einfach. Viele dilettantische Versuche schlagen allerdings fehl, wie die Anzahl schwer verletzter Tiere zeigt, die wir jedes Jahr aus lebensbedrohlichen Situationen bergen. Nur zwei Beispiele: Ein angeschossener Hund, den wir winselnd aus der Kanalisation befreien, kann gerettet werden, ebenso ein Hahn, der seine Entsorgung in der Kadaverstelle überlebt und lauthals gegen die Ungerechtigkeit protestiert. Hunderte von Hunde- und Katzenwelpen, die das Ertränken, Erschlagen und andere Tötungsversuche überstehen, sich bemerkbar machen und dadurch glücklicherweise eine Meldung an den »TierRettungs-Dienst« provozieren, zeugen ebenfalls vom verwerflichen Verhalten ihrer Besitzer.

Ich versuche mir immer wieder ins Bewusstsein zu rufen, dass die Mehrheit, Millionen von Menschen, im Umgang mit ihren Schützlingen Verantwortungsbewusstsein, Liebe und Engagement an den Tag legt. Doch im Alltag helfen mir diese Gedanken oft nicht weiter. Zur Weißglut bringen mich jene, denen nicht nur der Respekt vor Lebewesen abgeht, sondern die auch die Skrupellosigkeit besitzen, absurde Forderungen zu stellen, wenn sie ihre Tiere loswerden wollen. Viele befehlen uns: »Sie müssen das Tier euthanasieren!« Die Gründe? Die Schildkröte ist dreißig Jahre alt. Der Hund lässt sich nicht streicheln. Die Katze trägt Sandkörner aus dem Kistchen in die Wohnung und ist darum ein Hygienerisiko. Auch millimeterkleine Bisse oder Kratzer werden zu aggressiven Attacken hochstilisiert und sollen die Tötung rechtfertigen. Am schlimmsten sind Menschen, die den schlechten gesundheitlichen Zustand ihrer Tiere selbst provozieren, weil sie die Behandlungskosten scheuen. Die Eliminierung des kranken Tieres just zur Ferienzeit erklären sie dutzendfach mit dem scheinheiligen Satz: »Wir möchten nicht, dass es noch mehr leiden muss.«

Wir nehmen diese Forderungen ernst, klären die genannten Gründe ab, und unsere Tierärzte beurteilen den Gesundheitszustand der Vierbeiner genau. In den allermeisten Fällen bekommen diese Halter eine Antwort, die ihnen nicht gefällt: »Wenn Sie Ihr Tier umbringen wollen, obwohl es keinen Grund dafür gibt, können Sie das natürlich tun. Wir sind aber keine Tötungsstation, und die Verantwortung für eine solche Entscheidung müssen Sie schon selbst übernehmen.« Nach einer Kunstpause füge ich jeweils an: »Am besten überlassen Sie das Tier uns.« Es ist ein Vorschlag, den die meisten sofort annehmen, weil damit ihr dringlichstes Problem gelöst ist und sie nun unbeschwert an den Strand oder die Skipiste denken können.

Doch nicht jedem Tier ist die Rettung vergönnt, und manchmal könnte ich heulen, wenn ich miterlebe, wie misshandelte oder vernachlässigte Tiere um ihr Leben kämpfen. Einmal wird uns ein Kätzchen gemeldet, dessen Schicksal stellvertretend für so viele andere steht: Bevor es halb tot in den Müll geworfen wurde, hatte man offenbar versucht, es zu ertränken, es ist tropfnass. Zahlreiche Verletzungen jüngeren und älteren Datums weisen bei der tierärztlichen Untersuchung darauf hin, dass es seit vielen Monaten gequält worden ist. Und doch wollte es leben, hat mit leisem Miauen Passanten auf seine Existenz in einem Müllsack aufmerksam gemacht. Sein Allgemeinzustand ist leider hoffnungslos, sodass wir nach eingehenden Gesprächen mit unserer Tierärztin schweren Herzens beschließen, das Tier zu erlösen. Mir treten Tränen in die

Augen, als die Spritze gesetzt wird, denn die wenigen Streicheleinheiten, die das Kätzchen je erhalten hat, bekommt es in seinen letzten Minuten. Leise schnurrend stirbt es.

29. März 1999

Die zweite Welle von heimatlosen Tieren erreicht uns jeweils nach dem Ende der Ferienzeit. Auch viele Katzen und Hunde, die aus dem Ausland in die Schweiz gelangen, werden bei uns abgeliefert. Statt das Tier zu »retten«, wie sie es gern nennen, haben diese sogenannten Tierfreunde einfach ein Lebewesen importiert, sich damit ein gutes Gewissen verschafft und transferieren nun anfallende Kosten, Arbeit und Verantwortung an uns. Wenn wir helfen können, tun wir das natürlich, wenn nicht, was leider oft geschieht, müssen wir zusehen, wie ein Tier elend zugrunde geht. Tieren in Not zu helfen, ist großartig. Sinn machen solche Aktionen aber nur, wenn sich die Lebensqualität der Schützlinge dadurch tatsächlich verbessert. Das ist bei diesen Rettungen oft nicht der Fall: Fehlende Impfungen und Einreisebewilligungen, aber auch kupierte Schwänze und Ohren führen häufig zu Beschlagnahmungen an der Grenze oder am Flughafen – und damit meist zum Tod der Tiere. Auch uns sind in solchen Fällen die Hände gebunden. Nehmen die Ursprungsländer Hunde und Katzen nicht zurück, werden sie zum Entsetzen ihrer vermeintlichen Retter auf behördlichen Beschluss hin euthanasiert.

Ohne nötige Abklärungen haben ausländische Vierbeiner auch sonst oft schlechte Chancen auf ein gutes Leben. Fragen, die den Gesundheitszustand betreffen, das Wesen und die Reisefähigkeit der Tiere, die Einfuhrbestimmungen, die Unterbringungsmöglichkeiten im neuen Zuhause – so zum Beispiel, ob in einer Mietwohnung überhaupt Haustiere erlaubt sind – müssen im Vorfeld geklärt werden, da die Antworten den weiteren Lebensweg der Tiere maßgeblich beeinflussen. Auch die artgerechte Haltung von Vierbeinern, die bisher meist wild gelebt haben und sich in einem Privathaushalt anders verhalten können, als man es sich vorstellt und wünscht, ist ein Thema, mit dem man sich befassen muss, bevor man einen Hund oder eine Katze in sein eigenes Land bringt. Wer es wirklich gut meint, setzt sich mit einer Tierschutzorganisation vor Ort in Verbindung, die mit professionellem Wissen entsprechende Beratungen durchführt. So ist der korrekte Import eines Tieres durchaus möglich. In der Schweiz steht dann für den echten Tierfreund und guten Tierhalter die zweite große Aufgabe an: Er muss sich um seinen Schützling kümmern, und zwar mit allen Problemen, die auftauchen können. Die Abschiebung in ein Tierheim sollte keine Option sein.

19. Oktober 1999

Nebst all den Aufgaben, die unseren Alltag bestimmen, gilt es auch immer wieder, neue Ziele zu formulieren, die man als Team erreichen will. Unzählige freiwillige Helfer und auch Fachleute, die uns unterstützen, bewältigen die anfallenden Aufgaben eines größer werdenden Betriebes. Auch wenn viele kostenlos in ihrer Freizeit für uns arbeiten, müssen wir dennoch Richtlinien formulieren, wollen wir in eine Zukunft blicken, in der es den Tieren weiterhin gut geht und neue Projekte realisiert werden können.

Der Wechsel von einem familiär geführten Kleinbetrieb, in dem vieles individuell und sehr persönlich abläuft, hin zu einer professionellen Organisation verlangt der Belegschaft einiges ab. Harmonie im Team ist immer noch wichtig, doch auch anderes ist jetzt von Bedeutung: die Straffung von internen Abläufen, die Zuteilung verbindlicher Aufgaben, Kontrollen, die durchgeführt werden müssen. Auch eine reibungslos funktionierende Administration, Weiterbildungen, Transparenz der Aktivitäten sind entscheidend, soll der Tierschutz nachhaltig betrieben werden. Die Änderungen führen zu vielen emotional geführten Diskussionen und auch dazu, dass uns einige Helferinnen und Helfer verlassen. Doch die Neuerungen – so wird die Zukunft zeigen – bewähren sich vollumfänglich.

22. November 1999

Neben der ehrenamtlichen Arbeit im »TierRettungsDienst« und im Tierheim Pfötli verdiene ich meinen Lebensunterhalt weiterhin als Journalistin. Wir sind im französischen Maurs, in der Region Auvergne-Rhône-Alpes. Die Bewohner nennen das Dorf zwar »jolie« – hübsch –, doch davon bemerke ich an diesem Tag nichts. Der Grund dafür liegt nicht nur in der morgendlichen Dunkelheit und am strömenden Regen. Die Warteschlange der riesigen Pferdetransporter, die ihre Tiere für den Verkauf auf den großen Marktplatz bringen, ist endlos lang. Die meisten Männer sind extrem gestresst, wollen die »Ware« so schnell wie möglich ausladen und haben eigene Methoden entwickelt, um dies zu erreichen. Je lauter sie schreien und je heftiger sie mit langen Ruten auf die

Pferde einschlagen, desto panischer stolpern diese aus den Lastwagen. Ich bin entsetzt: Viele werden ohne Rampen aus den Transportern geprügelt und zu einem tiefen Sprung in die ungewisse Dunkelheit gezwungen.

Einige Pferde, die auf diesem Herbstmarkt verkauft werden sollen, stammen aus Frankreich, viele andere haben quälend lange und strapaziöse Reisen quer durch Europa hinter sich. Diejenigen, die sich nicht mehr auf den Beinen halten können, bringt man mit roher Gewalt dazu, aufzustehen, andere werden liegend an Stricken ins Freie gezerrt. Das ununterbrochene Wiehern und Schreien von über zweitausend Pferden und Eseln, das Gebrüll der Arbeiter, das Prasseln des Regens und das ferne Donnergrollen bilden eine ohrenbetäubende und traurige Geräuschkulisse. Noch viel trauriger aber machen mich jene Tiere, die sich lautlos, stumpf ihrem Schicksal ergeben. Während die Fohlen unter den Bäuchen ihrer Mütter Schutz vor Tritten und Schlägen suchen, lecken sich die durstigen Pferde gegenseitig das Wasser von den Körpern.

Zur Mittagszeit haben die meisten Pferde den Besitzer gewechselt. Da nur wenige Stunden zwischen Ankunft und Weiterfahrt liegen, finden manche Tiere auf dem Weitertransport den Tod, wie ich vor Ort erfahre. Die Mehrheit überlebt die grausame Reise in die italienischen Schlachthäuser. Es ist unglaublich, was die Tiere durchmachen müssen, bevor sie zu Billigfleisch verarbeitet werden. Egal, wie sehr ich mich aufrege, und egal, wie heftig ich später, als es niemand sieht, im Hotelzimmer heule: Es wird keiner der Pferdemütter helfen, keinem ihrer Fohlen, keinem von all den Eseln und Maultieren, die mir am Morgen verstört und am Ende ihrer Kräfte in die Augen geblickt haben.

Mein TV-Beitrag und die in der Boulevardzeitung veröffentlichten Bilder über die Abläufe auf diesem Markt und das Leben und Sterben von Schlachtpferden in Europa erschüttern jedoch viele Tierfreunde und führen hoffentlich auch bei manchen Pferdefleischliebhabern zu einem Umdenken. Wenn sie das nächste Mal vor dem Regal des Supermarktes stehen, werden sie vielleicht kein günstiges Pferdeschnitzel ausländischer Provenienz und keine Salami mehr in den Einkaufswagen legen, sondern – wenn es Fleisch sein soll – Produkte aus der Schweiz wählen.

27. Februar 2000

»Sissy muss mit Kuchen, Lachsfilet und gefülltem Fleischkäse gefüttert werden, etwas anderes frisst sie nicht«, informiert mich die Besitzerin einer kugelrunden und apathisch wirkenden Hündin. Das mit Maschen und glitzernden Halsbändern geschmückte Tier soll bei uns drei Ferienwochen verbringen, und zwar zum ersten Mal ohne sein Frauchen, was die Halterin sehr beunruhigt. Sie verspricht – in unseren Ohren klingt es eher wie eine Drohung –, mindestens dreimal täglich anzurufen. Eigentlich nehmen wir keine Feriengäste auf, unsere Plätze sind für heimatlose Tiere reserviert. Aber in besonderen Situationen geben wir nach: In Sissys Fall handelt es sich wohl um eine lebensrettende Maßnahme. An die zahlreichen Weisungen des Frauchens zu den kulinarischen Vorlieben ihres Lieblings halten wir uns nicht, dafür lernt die Hündin innerhalb kurzer Zeit, dass Hundefutter ebenfalls schmeckt und Bewegung Spaß machen kann.

Auch Mona, die einige Monate später zu uns gelangt, ist – ich finde kein anderes Wort – fett. Hunde wie Sissy und Mona landen normalerweise nicht im Tierheim. Hunde wie Sissy und Mona werden geliebt, oft sogar zu Tode geliebt. Die sechsjährige Mischlingshündin Mona hinkt aufgrund einer Arthrose, die der Fettleibigkeit geschuldet ist. Sie hechelt bei der geringsten Anstrengung, und wie ihr Herz aussieht, kann ich mir lebhaft vorstellen. Der Aufenthalt bei uns ist Monas erster Ausflug ohne »Mami«, wie sich ihre Halterin am Telefon selbst nennt. »Mami« liegt mit einem gebrochenen Bein im Spital und hält uns langatmige Vorträge zur Pflege und Fütterung ihrer besten Freundin. Die größte Sorge dreht sich um die Nahrungsaufnahme des Vierbeiners, der zu seinem Glück stets etwas gedrängt werden müsse.

Unser Plan sieht indes ganz anders aus. Nach dem Motto »Friss die Hälfte« lässt sich das Gewicht auch bei Tieren reduzieren. Bewegung erweist sich für Mona ebenfalls als unbekannte Aktivität. Wie viele andere Halter, die ihre Tiere nach menschlichen Maßstäben verhätscheln und dabei deren eigentliche Bedürfnisse vergessen, erlaubt auch »Mami« ihrem Vierbeiner keinen Kontakt mit Artgenossen, da sie befürchtet, Mona könnte von anderen Hunden gebissen, gemobbt oder mit Krankheiten angesteckt werden. Wegen der langen Isolation verhält sich die Hündin im Kontakt mit anderen Hunden anfänglich ängstlich, doch schneller als gedacht aktiviert sie das Rudeltier in sich und die damit verbundenen Instinkte. Von der Idealfigur noch meilenweit entfernt, verbessert sich ihre Kondition nach wenigen Wochen merklich, die Spaziergänge werden ausgedehnter, was dazu führt, dass sich die unterentwickelte Muskulatur verbessert und die Schmerzen geringer werden.

Alle Beteiligten wissen, dass damit erst der kleinere Teil des Problems gelöst ist: Monas Halterin muss nach der Entlassung aus dem Spital von einer artgerechten Haltung überzeugt werden, zudem müssen wir ihr – wie bereits vielen anderen Besitzern à la »Mami« zuvor – begreifbar machen, dass übermäßige Tierliebe auch Tierquälerei bedeuten kann.

2. März 2000

Bei Übertreibungen in Zusammenhang mit der Tierhaltung – das stellen wir im Alltag nun häufig fest – handelt es sich um eine Entwicklung der Neuzeit. Früher waren Hunde Arbeitstiere, die Häuser und Herden bewachten, dann wurden sie zu Begleitern, deren Haltung mit einem gewissen Pragmatismus verbunden war. Heute erlaubt der Wohlstand manche Exzesse, vor allem aber macht die Vereinsamung vieler, dass Hunde und Katzen engste und wichtigste Beziehungspartner werden. Die damit verbundenen Routinen und Ernährungsgewohnheiten können sich negativ auf die geliebten Vierbeiner auswirken. Allerdings sollte man bei dieser Thematik die Kirche im Dorf lassen: Aus vergoldeten Näpfen zu fressen und auf Seidendecken zu schlafen, schadet Haustieren nicht. Werden ihnen Tricks und Kunststücke beigebracht, ist das für mich sogar ein positives Zeichen, denn sie erhalten offenbar Aufmerksamkeit und werden beschäftigt. Auch auf eigenwillige Monologe in Babysprache und gespickt mit vielen Kosenamen reagieren Hunde, Katzen und Kaninchen erstaunlich locker. Wenn der Mops sein Designerkleidchen nicht bei Hitze, sondern als Schutz vor Kälte trägt, kümmert mich dies als Tierschützerin ebenfalls nicht.

Als Privatperson muss ich allerdings hin und wieder den Kopf schütteln, denn manche Aktionen sind tatsächlich tierschutzrelevant und erfordern Aufklärung: zum Beispiel, dass ein Hund nicht täglich gebadet oder parfümiert werden soll. Oder dass, wer die Pralinen mit den Vierbeinern teilt, deren tödliche Vergiftung riskiert. Auch Tierhalter, die ihre Schützlinge hauptsächlich in Taschen durch die Welt transportieren, handeln nicht im Sinn ihres Lieblings, der Bewegung braucht. Oder: Gesundheitliche Probleme, die aufgrund von mangelnder Bewegung und durch Überfütterung entstehen, werden heute einfach mit Medikamenten behandelt. Und bei Verhaltensstörungen, die auftauchen, wenn der Hund komplett isoliert lebt, zieht man den Tierpsychologen bei. Im besten Fall kann dieser die Besitzer tatsächlich auf den Weg der artgerechten Tierhaltung führen. Von vernünftigen Argumenten lassen sich allerdings nicht alle Herrchen und Frauchen überzeugen: Mona verliert in unserer Obhut deutlich an Gewicht und gelangt als muntere Hundedame zu ihrer Halterin zurück. Diese nimmt das »Schätzeli« zur Belohnung – für was genau, entzieht sich meiner Kenntnis – sofort auf den Arm und füttert es mit einer Delikatesse aus der Confiserie.

22. August 2000

Keiko – der Hauptdarsteller aus den zwei »Free Willy«-Filmen – ist der berühmteste Orca der Welt. Während Proteste von Tierschützern gegen die Gefangenhaltung von Meeressäugern in der Vergangenheit zwar hitzige Diskussionen ausgelöst, bisher allerdings keine nennenswerten Resultate bewirkt haben, treffen die realistisch dargestellten Leiden des gefleckten Riesen die Kinozuschauer mitten ins Herz. Rund um den Erdball hatten sich Menschen dafür eingesetzt, dass das nach Mexiko verkaufte, durch ein Hautleiden geschwächte und stark abgemagerte Tier nach Island zurückkehren konnte. Nun taucht der gigantische Meeressäuger aus der Tiefe der Klettsvik-Bucht in einer sprühenden Wasserwolke vor meinen Augen auf. Ich bin fasziniert von seiner Kraft, seiner Größe und auch davon, dass Keiko mit mir Kontakt aufnehmen will. Er ist so nah, dass ich ihn berühren könnte.

»Dreh dich weg und ignoriere ihn, er soll keinen Kontakt zu Menschen aufnehmen«, weist mich der Waltrainer Jeff Foster an. Seine Worte reißen mich aus meiner Verzückung und appellieren an meine Vernunft: Natürlich bin ich nicht auf die Westmänner-Inseln in Island gereist, um Keiko den Nacken zu kraulen, sondern um seine Fortschritte auf dem Weg in ein artgerechtes Leben in einem TV-Bericht festzuhalten. Das ist aufregend, denn zum ersten Mal versuchen Experten einem bis anhin gefangen gehaltenen Exemplar seiner Gattung die Freiheit zu schenken. Ob es möglich wird, steht noch in den Sternen, denn bereits im Alter von zwei Jahren wurde Keiko eingefangen, und erst nach achtzehn Jahren in verschiedenen Aquarien gelang seine Befreiung. Jetzt lebt er in der riesigen Bucht, die durch ein Netz vom offenen Meer abgetrennt ist.

So einfach wie sein befreiender Sprung im Film gestaltet sich Keikos Wiedereingliederung in den Ozean allerdings nicht, weil ihm das instinktive Wissen seiner Artgenossen in den langen Jahren der menschlichen Haltung abhandengekommen ist und auch abtrainiert wurde: Dass man Futterfische frisst, die einem zugeworfen werden, und nicht etwa seinem Trainer apportiert, weiß Keiko am Anfang nicht, und auch die verborgene Unterwasserwelt muss er neu entdecken. Für dieses Unterfangen steht ihm ein ganzes Team von bis zu zwanzig Betreuern zur Verfügung. Kleine Fortschritte zeigen sich durchaus: Bald geht er, begleitet von einem Schiff und Jeff, im offenen Meer »spazieren schwimmen«, wie es seine Trainer nennen. Vorsichtig erobert der gefleckte Riese seinen natürlichen Lebensraum zurück und macht auch Bekanntschaft mit seinen Artgenossen, die in ihm nicht den Filmstar erkennen, sondern einen Kumpel und manchmal auch eine Konkurrenz.

Als sich Keiko Monate später einer Orca-Familie anschließt und mit dieser in die Freiheit schwimmt, bin ich zwar nicht mehr dabei, aber glücklich über die gute Nachricht. Allerdings nimmt die Geschichte ein trauriges Ende, denn Keiko verlässt seine neue Familie und versucht in den folgenden Jahren immer wieder, in Kontakt mit Menschen zu treten. 2003 stirbt er an einer Lungenentzündung.

7. September 2000

Meine Kollegin hält eine Torte in die Luft, auf der eine einzige Kerze brennt, und ich spendiere eine Flasche Wein. Wir stoßen auf die Stunde null an: auf die Gründung der »Susy Utzinger Stiftung für Tierschutz« (SUST).

Viele Diskussionen und Überlegungen sind diesem großen Schritt vorausgegangen: Im Rahmen meiner journalistischen Arbeit beim Fernsehen besuche ich auch unzählige Tierheime in der Schweiz und erhalte so einen vertieften Einblick, in welchen Bereichen dringender Handlungsbedarf besteht. Meine Freizeit widme ich seit langem der Optimierung von Tierheimen, führe auch Katzenkastrationsaktionen durch und finanziere diese privat. Im Alltag verknüpfe ich meine Kontakte und vernetze Menschen miteinander, die sich im Tierschutz ergänzen. Während der vergangenen Jahre habe ich den Tierschutz intensiv betrieben, viele Erfahrungen gesammelt, Probleme und Missstände konsequent verfolgt. Auf meinen journalistischen Reisen im Ausland lerne ich zahlreiche Non-Profit-Organisationen kennen und verfolge die Arbeit von Dutzenden von Tierschutzprojekten. Gute, aber auch weniger gute, solche, die man optimieren könnte, wenn es an Einsicht und Arbeitswillen nicht mangeln würde, und andere, die jahrelang Geld verschlingen, ohne dass es den Tieren besser geht. Immer öfter erreichen mich Anfragen von Tierheimbetreibern, die Hilfe und Unterstützung benötigen, und auch die Arbeit mit heimatlosen Tieren entwickelt sich weiter.

Viele Menschen möchten solche Aufgaben finanziell oder aktiv unterstützen, doch diese Hilfe darf ich als Privatperson natürlich nicht annehmen. Wir könnten viel bewegen und erreichen, trotzdem stoße ich immer wieder an Grenzen: Es fehlt an Mitteln für Aufgaben, die über den »TierRettungsDienst« und das Tierheim Pfötli hinausgehen. Das ändert sich nun mit der Stiftungsgründung. Weil mit dem Spendenskandal meines Vaters um die Tierambulanz auch mein Name in die Schlagzeilen geraten ist, stimme ich zu, dass die Stiftung meinen Namen trägt: So wissen alle, wer hinter dieser Stiftung steht.

Dem Stiftungszweck liegt ein einziger Gedanke zugrunde: Überall auf der Welt fristen Zehntausende von Tieren in überfüllten Tierheimen ein elendes Dasein oder kämpfen in verwilderten Kolonien um ihr Überleben. Tag für Tag werden lästig gewordene Lebewesen ausgesetzt, abgeschoben, gequält, getötet oder aus Mangel an besserem Wissen falsch gehalten. Die Stiftung will dazu beitragen, das Leiden von Tieren nachhaltig zu mindern oder gar zu verhindern. Um die vier Pfeiler zu erläutern, auf denen sie ihre Arbeit aufbaut, muss ich ein wenig ausholen: Die Aus- und Weiterbildung von Fachleuten, Tierbetreuern, Tierschützern und Tierärzten soll künftig eine Priorität haben. Auch in der Schweiz gibt es in dieser Hinsicht noch viel zu tun: Tierschützer sollen in unseren Kursen elementare Grundsätze für den Umgang mit Tieren und deren Pflege sowie für die Durchführung von Tierschutzprojekten erlernen. Tierärzte werden in ihren jeweiligen Ländern von international anerkannten Kollegen auf den aktuellsten Wissensstand gebracht. Um die neusten Operationstechniken zu erlernen, werden junge Tierärzte in Schulungen von erfahrenen Kollegen begleitet und gecoacht. So wird verhindert, dass heimatlose Tiere zu Übungszwecken missbraucht werden und – bei Misslingen solcher Übungen – schreckliche Qualen erleiden müssen.

Nur mit der Hilfe von versierten Fachleuten können wir auch Aufgabe Nummer zwei angehen: die Durchführung von Kastrationsaktionen und die Unterstützung von ebensolchen Programmen in der Schweiz und im Ausland. Kastrationen sind der einzige Weg, die Überpopulation von Straßentieren langfristig und tiergerecht einzudämmen. Solche Aktionen verhindern sowohl Hungersnöte als auch sexuell übertragbare Krankheiten, an denen die Tiere kläglich zugrunde gehen. Kann die Zahl der Straßentiere dezimiert werden, wird auch nicht mehr tierquälerisch gegen die unerwünschten Lebewesen vorgegangen: keine Vergiftungsaktionen mehr, kein Totschlagen, keine Erschießungen, keine ausgesetzten Tiere.

Der dritte Pfeiler der SUST betrifft die Tierheimoptimierung im Inland und neu auch im Ausland. Um ein Tierheim zu professioneller Tierhilfe zu führen, sind meist jahrelange Mitarbeit und Begleitung nötig. Unsere Teams arbeiten tage- oder auch wochenweise vor Ort, wirken im Alltag mit, evaluieren organisatorische und strukturelle Problematiken, reorganisieren interne und externe Abläufe und können dadurch viele Verbesserungen erreichen. Tierheimumbauten, erste Hilfe an Tieren und die Abgabe von jährlich über hundert Tonnen Hilfsgütern aus unserem Materiallager bestimmen diese Aufgaben, zu denen auch Notfallprogramme und in Ausnahmefällen eine unbürokratische Soforthilfe gehören.

Die vierte Aufgabe unserer Stiftung liegt mir ebenfalls am Herzen: die Information der Bevölkerung. Sie ist essenziell, denn viele Versäumnisse an Tieren geschehen nicht aus Boshaftigkeit, sondern weil Tierfreunde und Tierhalter es nicht besser wissen. Aus diesem Grund verarbeiten wir unser Fachwissen und unsere langjährigen Erfahrungen im Umgang mit Heimtieren laufend in der Informationsreihe »Tierschutz durch richtiges Handeln«, führen aber auch Plakataktionen und Vorträge durch (siehe Anhang).

Die vier Grundpfeiler der Stiftung bauen auf der Basis der Soforthilfe auf. Bevor wir in den vier Aufgabenbereichen aktiv werden können, muss oft erst das Überleben der Tiere sichergestellt werden. Notfall-Futterlieferungen, Unterstützung von Tiertafeln sowie Erste-Hilfe-Einsätze gehören dazu. In vielen Ländern leben unzählige herrenlose Tiere. Viele dieser Hunde und Katzen sind ausgesetzt oder bereits als Streuner geboren worden. Das Leben auf der Straße ist gefährlich und entbehrungsreich, verletzte und kranke Tiere haben in der Regel keine Chance, zu überleben, und verenden meistens qualvoll. Häufig mangelt es in solchen Fällen nicht an der Hilfsbereitschaft tierlieber Menschen, sondern an den finanziellen Mitteln, um die Heimatlosen durch einen Tierarzt behandeln zu lassen. Damit sie gerettet werden können, rufen wir Jahre später die SUST-Tierwaisen-Hospitäler ins Leben.

1. Februar 2001

Ich baue die »Susy Utzinger Stiftung für Tierschutz« von Grund auf neu auf: Das frühe Konzept der Flyer, die erklären, was wir tun und aus welchen Gründen, sowie erste SUST-Einsätze knüpfen dort an, wo ich bereits als Privatperson Vorarbeit geleistet habe. Jetzt suche ich nach freiwilligen Helfern, führe viele Gespräche mit Tierärzten, arbeite Briefings und Richtlinien aus. Diese Arbeiten erledige ich in den ersten Jahren von zu Hause aus. Bis wir uns ein Büro oder gar bezahlte Mitarbeiter leisten können, wird noch viel Zeit vergehen. Neben meiner ehrenamtlichen Tätigkeit finanziere ich die meisten Tierschutzprojekte weiterhin aus meinem Einkommen als Journalistin. Gleichzeitig sammle ich jetzt aktiv Spenden.

Im Verlauf der Zeit hat sich das Bewusstsein der Bevölkerung gegenüber dem Tierschutz positiv gewandelt. Aber auch die Kanäle, über die man die Tierfreunde erreichen kann, haben sich seit meinen Anfängen verändert. Vorbei sind die Zeiten, als man im stillen Kämmerlein vor sich hin geschuftet hat, in der Hoffnung, dass Sympathisanten per Zufall oder über Mundpropaganda auf einen aufmerksam werden und einen vielleicht unterstützen. Für Non-Profit-Organisationen und andere Hilfsorganisationen eröffnet das Internet ein wichtiges Feld für eine kostengünstige Öffentlichkeitsarbeit, und auch wir nutzen diese Möglichkeiten sofort mithilfe einer Website. Jahre später lassen wir Interessierte aus aller Welt auch über Facebook an unseren Einsätzen teilhaben. Die prompte und lückenlose Berichterstattung zum laufenden Engagement entspricht unserem Bedürfnis, das Publikum seriös zu informieren. Tausende von Followern sorgen für zusätzliche Motivation. Viele beginnen sich vertieft mit unserer Arbeit zu befassen und unterstützen uns in einem weiteren Schritt oft auch finanziell.

Unsere Ziele verfolgen wir nach dem Grundsatz, Projekte nur zu unterstützen, wenn das Konzept Sinn macht und wir die Akteure persönlich kennen. Aufrufen hingegen, die undurchsichtige Projekte betreffen, folgen genaue Abklärungen, und sehr häufig stellen sich die Pläne leider als sinnlos oder gar als unseriöse Geldsammelaktion heraus. Im Bereich Tierschutz gibt es in der Schweiz und im Ausland unzählige Organisationen, die großartige Arbeit leisten, die Zusammenarbeit mit ihnen ist eine Freude und trägt gemeinsame Früchte. Allerdings sind durch das Internet bald auch unseriöse Helfer und Tausende von Einzelpersonen unterwegs, die weltweit anarchistische Aktionen und spontane Hilferufe lancieren, die fragwürdig sind und immer fragwürdiger werden. Mit dem Aufkommen der sozialen Netzwerke erreicht dieser Trend Jahre später eine neue Dimension. Auf diesen Plattformen entwickelt sich eine eigene Realität, und unzählige Internet-Tierschützer senden auch uns tagtäglich Links mit schrecklichen Bildern und fordern uns auf, tätig zu werden oder sofort einen Platz für die betreffenden Tiere zu organisieren. Nähere Angaben können sie meist nicht machen: Sie sehen ihre Aufgabe darin, andern bequem vom Sofa aus den Auftrag zu erteilen, aktiv zu werden, und geben Beurteilungen zu den Problemen ab, ohne jemals persönlich vor Ort gewesen zu sein.

Was ich damit sagen möchte: Solche Aktionen, wenn sie nicht bewusst einen unseriösen Hintergrund haben, werden meist im Taumel der eigenen Emotionen lanciert. Mit Spendenaufrufen verbunden, kommen über das Internet oft beträchtliche Summen zusammen, die weitaus mehr als die Rettung eines einzelnen Tieres ermöglichen würden. Wohin der Rest des Geldes fließt, bleibt indes fast immer unklar. Manche Menschen geben sich damit zufrieden, Tage später die bebilderte Nachricht zu erhalten, dass sie – ganz allein – einen Hund, eine Katze oder ein Pferd gerettet haben. Andere fragen nach und warten oft vergeblich auf Antwort. Wir erhalten fast täglich Beschwerden von betrogenen Tierfreunden. Wenn bereits Geld geflossen ist, können wir wenig ändern. Mit gutem Recht sind die Menschen dann enttäuscht. Die häufigste Konsequenz – man werde nie mehr für den Tierschutz spenden –

bedauere ich sehr, vor allem wegen der Tiere. Ich erwähne jeweils, dass sie nicht von einem Tierschützer, sondern von einem Betrüger hintergangen worden sind.

Um auf den Punkt zu kommen: Die Unterscheidung zwischen seriöser und unseriöser Tierschutzarbeit ist für den Laien im Dschungel einer wachsenden Anzahl von Organisationen schwierig geworden. Unsere Stiftung steht unter der Aufsicht des Bundes, die Jahresrechnung und der Tätigkeitsbericht werden jährlich vom Eidgenössischen Departement des Innern geprüft, und die Projekte und Ausgaben müssen jeweils vom Stiftungsrat genehmigt werden. Zusätzlich informieren wir laufend auf unserer Website, aber auch in der Zeitung unserer Stiftung, wie wir die Spendengelder einsetzen. Die Qualitätssicherung ist heute ein wichtiges Thema im Tierschutz. Gegen die damit verbundenen Auflagen und amtlichen Kontrollen sprechen sich meist nur diejenigen aus, die wissen, dass sie den Kriterien nicht standhalten können. Die Freiwilligkeit in diesem Bereich, aber auch der Umstand, dass »Tierschutz« ein ungeschützter und weitgehend undefinierter Begriff bleibt und es an entsprechenden Ausbildungen mehrheitlich mangelt, tragen zu Wildwuchs sowie fragwürdigem Verhalten bei.

15. Februar 2001

Die Aus- und Weiterbildung von Fachkräften, die koordinierten Kastrationsaktionen, die nach Plan funktionieren sowie genauen Qualitätsstandards zu genügen haben, die Reorganisation von Tierschutzprojekten und von Tierheimen im In- und Ausland, die eines Tages auf eigenen Beinen stehen sollen, gehören zu den Aufgaben und Zielen der Stiftung. Die vielen Erfahrungen, die ich in diesen Bereichen mache, bestätigen auch meine frühe Einsicht, dass Mitgefühl ohne Verantwortungsbewusstsein keinen Sinn ergibt. Wenn ich durch überfüllte Tierheime laufe oder eine Versuchstierstation besuche, verspüre ich einen unbändigen Drang, all diese Lebewesen zu befreien und mitzunehmen. Gleichzeitig weiß ich, dass ich nicht alle retten kann, nicht jetzt, nicht sofort. Doch mit intensiver Tierschutzarbeit, die die Probleme bei den Wurzeln packt, kann ich in Zukunft viel Elend verhindern. Die leidenden Tiere sehe ich unablässig vor meinem geistigen Auge. Es sind diese Bilder, die mich zielstrebig vorgehen und viel Schmerz aushalten lassen.

Empathie ist gefühlter Schmerz. Das Bedürfnis nach schneller Schmerzausschaltung ist zwar verständlich, löst aber auch Aktionen aus, die der Sache nicht dienlich sind, ja oft sogar zusätzliches Leid provozieren. Falsch verstandene Empathie macht den Tierschutz zu einer sehr schwierigen Arbeit, denn manchmal sind die Grenzen zwischen guten Taten und negativen Konsequenzen fließend: Aus Mitgefühl nehmen Menschen Tiere auf. Um Egoismus handelt es sich hingegen, wenn mehr Tiere aufgenommen werden, als man betreuen kann. So gehört es bald zu meiner täglichen Arbeit, desolate Tierheime zu reorganisieren. Ähnlich verhält es sich mit der Euthanasie von leidenden Tieren: Empathie hindert uns daran, ein Leben zu beenden. Egoistisch ist es jedoch, ein Lebewesen leiden zu lassen, nur weil wir es nicht verlieren wollen. Um Egoismus handelt es sich auch, wenn frisch eingetroffene Tiere in einem Heim nicht in Quarantäne gehalten werden. Die Erklärung, die Schützlinge seien traurig, wenn sie diese Frist allein verbringen müssten, höre ich häufig. Also nehmen sogenannte Tierfreunde das Risiko in Kauf, dass sie sich gegenseitig mit Krankheiten infizieren. Wie viele hundert Hunde und Katzen habe ich aus diesem

Grund kläglich sterben sehen. Was mir ebenfalls am Herzen liegt, sind Kastrationsaktionen: Mit den romantischen Vorstellungen, die viele Menschen mit dem Tierschutz verbinden, haben sie zwar wenig zu tun. Und doch sind sie ein Ausdruck von echter Empathie, weil sie den Kriterien der nachhaltigen Tierschutzarbeit entsprechen und viel Leid verhindern.

9. März 2001

Anfänglich ist es für die Stiftung nicht einfach, das Vertrauen der seriösen Tierschutzorganisationen zu gewinnen. Wir lassen nicht locker, und wie so oft sind Taten auch hier überzeugender als Worte. Bevor ich es mir mit meiner Stiftung zur Aufgabe mache, Tierheime in der Schweiz und im Ausland zu optimieren, habe ich selber zwei solche Heime aufgebaut: ein Tierwaisenhaus und unser Tierheim Pfötli. Zudem absolvierte ich verschiedene Praktika und erhielt vertieften Einblick in die häufigsten Problematiken. Heute weiß ich: Viele Tierheimbetreiber leisten gute Arbeit, kämpfen aber gleichzeitig um ihre Existenz. Dabei kann es vorkommen, dass im Alltag wichtige Punkte vernachlässigt werden.

Bei unseren Einsätzen kommen nun große Teams von freiwilligen Helfern zum Einsatz. Erst wenn die Tiere versorgt sind, packen unsere Fachleute jene Aufgaben an, die als Basis eines nachhaltigen Tierschutzprojektes gelten: Einrichtungen werden baulich verändert oder ergänzt, Handwerkerarbeiten koordiniert und deren Kosten übernommen. Wir liefern Baumaterial, Tierfutter, Tierheimutensilien, führen, wie bereits angedeutet, betriebliche Reorganisationen durch, erarbeiten Strategien und Konzepte. Als Türöffner erweisen sich unsere Materiallieferungen, die wir Tierfreunden und Firmen verdanken, welche uns mit Futter, aber auch mit Körben, Hundeleinen, Näpfen, Spielzeug und vielem mehr versorgen. Seit wir diese ganzjährige Sammelaktion ins Leben gerufen haben, kommen viele Tonnen Hilfsgüter zusammen, die wir gemeinsam mit den Freiwilligen sortieren, desinfizieren und nach Bedarf verteilen.

Die wichtigste Voraussetzung im Kampf um die Verbesserung von Tierheimen ist die Frage: Haben deren Betreiber die gleiche Auffassung von Tierschutz und Nachhaltigkeit wie wir, wollen auch sie dauerhaft etwas verändern? Nun gilt es, das Heim Schritt für Schritt zu optimieren und in die Selbständigkeit zu führen. Das System ist einfach: Wir leisten Unterstützung, und das Tierheim zeigt uns, dass es mit der Optimierung umgehen will und auch kann. Erst dann geht es weiter. Die einzelnen Heime und Organisationen sollen – wenn überhaupt – nur kurz von uns abhängig sein. Sobald wie möglich sollen sie auf eigenen Füßen stehen und ihre Tierschutzarbeit selber finanzieren.

Das funktioniert in der Schweiz gut: Oft treffen wir auf sehr motivierte Menschen und können auf hohem Niveau mit der Unterstützung starten. Zudem sind Vereine und Organisationen, die das Wohl ihrer Schützlinge im Sinn haben, sich vor der Gründung von uns beraten lassen und gute Voraussetzungen für eine langfristige Zusammenarbeit mitbringen, glücklicherweise in der Mehrheit. Im Verlauf von vielen Jahren haben wir mit großartigen Organisationen zusammengearbeitet, darunter ein Papageienhof, eine Pony-Auffangstation, ein Verein für ehemalige Sportpferde, ein Kuhgnadenhof, Kaninchen- und Meerschweinchenstationen, eine Wildstation sowie zahlreiche Hunde- und Katzenheime. In anderen Ländern leuchten unsere Grundsätze allerdings nicht allen Tierheimbetreibern ein, und manche verweigern sich den notwendigen Veränderungen, nicht zuletzt, weil sie sich diese nicht zutrauen. Unsere Konzepte und Anregungen kommentieren viele auch mit dem Satz: »Ich beschäftige mich lieber mit den Tieren als mit Büro- und Reinigungsarbeiten und mit Umbauten.«

Diese Argumentation kann ich gut verstehen – mir geht es genauso. Doch die Betroffenen machen es sich allzu leicht. Sie konzentrieren sich auf das, was ihnen Spaß macht, und nehmen in Kauf, dass es ihren Schützlingen dabei miserabel geht. Das Verhalten jener Betreiber, die aufgrund mangelnden Wissens und aus Scham über die desolaten Zustände immer tiefer in die Misere geraten, kann ich allenfalls noch nachvollziehen. Für die uneinsichtigen schwarzen Schafe, die in der wachsenden Branche auch anzutreffen sind, gilt das hingegen nicht. Oft werden dringend nötige Sanierungen und Verbesserungen aus Gleichgültigkeit und mangelndem Arbeitswillen jahrelang aufgeschoben.

Die Erwartung, dass wir mit unzähligen Arbeitseinsätzen den Betrieb auf Vordermann bringen, sämtliche Probleme anpacken, permanent finanzielle Unterstützung leisten und danach kommentarlos wieder verschwinden, ist so absurd wie unverschämt. Anders verhält es sich wie gesagt bei Tierheimbetreibern, die bereits in großer Not sind und oft heimlich an uns gelangen, weil sie heftige Kritik durch ihr Umfeld befürchten. In solchen Fällen leisten wir unbürokratisch Direkthilfe, ohne dass Dritte jemals davon erfahren. Notszenarien werden in Windeseile aufgestellt, Hilfseinsätze durchgeführt, Utensilien sowie Tierfutter abgegeben.

31. Mai 2001

Bei einem frühen Einsatz, den wir in der Schweiz durchführen, haben wir es glücklicherweise mit dem Gegenteil einer uneinsichtigen Betreiberin zu tun: Mina Schreyer ist eine wunderbare Frau, die es sich zur Aufgabe gemacht hat, nicht vermittelbaren Katzen einen Lebensabend in Sicherheit und Würde zu bieten. Verwilderte, alte, invalide oder verhaltensauffällige Tiere trifft oft ein schlimmes Schicksal. Ein Tierheim ist als Übergangslösung gedacht: Um möglichst vielen Lebewesen Schutz angedeihen zu lassen, müssen jene, denen es wieder gut geht, platziert werden können. Verwilderte oder unsaubere Tiere, die niemand will, sind in einem regulären Tierheim auf Dauer nicht optimal untergebracht. Ihre Zukunft hat mir schon manche schlaflose Nacht bereitet, auch aus diesem Grund bin ich auf Mina und ihr Engagement aufmerksam geworden.

Bei meinem ersten Besuch betreut und finanziert sie fast im Alleingang rund hundertachtzig Katzen, die mehrheitlich in einer riesigen eingezäunten Freilaufzone leben. Der Arbeitsaufwand ist ebenso gigantisch wie die monatlich anfallenden Kosten für Futter, tierärztliche Betreuung, Strom, Reparaturen und Unmengen von Katzenstreu für die Innenräume. Bereits fehlt es an vielem, wie sich bei unserem Besuch unschwer feststellen lässt. Finanziell, aber auch was ihre eigenen Kräfte anbelangt, bewegt sich die engagierte Tierfreundin am Limit, und die Befürchtung, dass sie den Belastungen mit zunehmendem Alter irgendwann nicht mehr gewachsen sein wird, ist auch für ihre Schützlinge lebensbedrohlich. Mina, die sich das Futter für die Katzen bereits am Mund abspart, nennt viele interne Versäumnisse selbst. Sie sagt: »Wenn ich zu eitel bin, um Hilfe anzunehmen, leiden meine Tiere. Das will ich nicht.«

Für diesen Satz, der von großem Verantwortungsbewusstsein zeugt, möchte ich sie am liebsten umarmen. Wir stehen am Anfang einer Beziehung, die – ich ahne es bereits – lang und fruchtbar sein wird. Als Erstes müssen verschiedene Mängel behoben werden. Die Nothilfe trifft eine Woche später in Form einer tonnenschweren Futterspende und vieler Utensilien in der Katzenstation ein. Auch emotionale und finanzielle Unterstützung sind Bestandteil unserer Arbeit. Unterdessen kann ich auf ein großes Netzwerk von Fachleuten zurückgreifen, vor allem aber wissen wir, wie Anfragen zu lancieren sind, damit spezifische Materialien kostengünstig oder im Idealfall gar gratis zur Verfügung gestellt werden. In den folgenden Jahren sind wir immer in Absprache mit der tatkräftigen Mina Schreyer und bei unzähligen Einsätzen vor Ort dabei. Bis zu fünfzehn Personen schaufeln und putzen jeweils, roden, mähen und befreien die riesige Freilaufzone von wuchernden Brennnesseln, die den Katzen und den Helfenden bisher das Leben erschwert haben.

Nachdem die dringlichsten Umgebungsarbeiten erledigt worden sind, viele Katzenhäuser gründlich gereinigt, neu gestrichen und mit warmen Decken ausgestattet wurden, nehmen wir Jahre später die vernachlässigte Quarantänestation in Angriff. Diverse Vorbesprechungen, Besichtigungen und Abklärungen gehen diesem Projekt voraus, an dem wir uns auch finanziell beteiligen. Mit Schutzmasken ausgerüstet, machen wir uns daran, die veralteten Räumlichkeiten zu räumen und zu reinigen, und mit gespendeten Chemikalien und Spezialfarben behandeln wir den hartnäckigen Schimmelpilzbefall. Diesen Vorgang wiederholen wir mehrmals, bevor es an die bauliche Sanierung der Räumlichkeiten geht, die wir mit einem Anstrich der Wände abschließen. Rund um die

Quarantänestation heben wir einen tiefen Graben aus und legen eine Drainage – um das Gebäude vor erneutem Schimmelpilzbefall zu schützen. In den gespendeten Quarantäneboxen können kranke oder geschwächte Tiere künftig wieder gesondert behandelt werden.

Die Wiedereinführung dieser Maßnahme hilft, dass ausschließlich geimpfte und gesunde Tiere in das offene Areal entlassen werden, und bietet kranken eine Rückzugsmöglichkeit. Schlendere ich heute über das Gelände des Katzenasyls, das auch einige Kaninchen, Hunde und Hühner beherbergt, bin ich zufrieden und glücklich. Unterdessen finden zweihundert Tiere einen Gnadenplatz in der wunderbaren Anlage. Nach Lust und Laune können sich die gesunden und wohlgenährten Samtpfoten heute im Freien aufhalten oder Schutz und Wärme in den sanierten Innenräumen finden. Natürlich ist die Arbeit noch nicht beendet, weder für Mina Schreyer noch für uns. Weiterhin müssen unzählige Katzen auch in der näheren und weiteren Umgebung des Tierheims dringend kastriert werden, weiterhin werden Kosten für Mitarbeiter, Futter, Tierarzt und vieles mehr zu decken sein. Es sind Hürden, die wir auch in Zukunft gemeinsam meistern werden.

14. Juli 2001

Ich bin seit über zwanzig Stunden auf den Beinen und werde für eine TV-Dokumentation in Kürze den Kaiserschnitt einer Kuh filmen. Der nächtliche Betrieb an der veterinärmedizinischen Fakultät der Universität Zürich ist ruhig. Allerdings ist auch weniger Personal im Einsatz, und so wird jede helfende Hand benötigt. Während hier mittels Operation bald ein Kalb zur Welt kommt, das seiner Mutter sofort entrissen wird, damit ihre Milch uns statt ihrem Nachwuchs zugutekommt, warten in anderen Abteilungen heiß geliebte Heimtiere auf ihre Behandlungen.

Mein Schädel brummt, die vergangenen zwei Tage, nur durch eine kurze Schlafpause unterbrochen, waren ereignisreich: Häufig sind die Besitzer der bellenden und zwitschernden Patienten völlig aufgelöst, wenn es ihren Schützlingen nicht gut geht, und können kein Verständnis dafür aufbringen, dass der behandelnde Arzt bereits die zweite Nacht Notfalldienst bewältigt oder seit einem Jahr keinen Urlaub gemacht hat. Ich sehe Menschen, die ängstlich im Wartezimmer sitzen und darauf hoffen, dass ihnen der Tierarzt eröffnet, ihr Haustier sei nicht ernsthaft erkrankt. Ich leide mit jenen, die beim Anblick ihrer todkranken Tiere in Tränen ausbrechen und sich an jeden Strohhalm klammern. Ich erlebe Menschen, die Verantwortung für ihre Tiere übernehmen, emotional wie finanziell, und nur ihr Bestes wollen. Im Alltag versuche ich mich immer wieder bewusst daran zu erinnern, dass die meisten Menschen gut mit ihren Tieren umgehen und sie lieben. Hier erlebe ich es hautnah, wie eng die Beziehungen zu Hunden, Katzen, Kaninchen und Pythonschlangen sein können. Für mich, die ich sonst oft mit einem anderen Menschenschlag konfrontiert bin, sind diese Männer und Frauen ein Trost.

Um die Arbeit an der veterinärmedizinischen Fakultät der Universität Zürich umfassend dokumentieren zu können, müsste ich eine mehrteilige Serie drehen: Die Bandbreite der Behandlungen hat sich im Verlauf von wenigen Jahre ebenso vergrößert wie die Zahl der potenziellen Patienten. Bald leben in der Schweiz 7,6 Millionen Haustiere. Den ersten Platz belegen 1,4 Millionen Katzen, gefolgt von einer halben Million Hunden und vier Millionen Aquariumsbewohnern, weiter Meerschweinchen, Hamster, Ratten, Frettchen, Mäuse und andere Nager, Reptilien und Vögel. Nicht nur exklusive und dementsprechend kostspielige Rassetiere oder exotische Preziosen – darunter seltene Papageienarten und japanische Koi-Fische – kommen in den Genuss von medizinischen Interventionen, die annähernd so viel kosten wie manche Behandlungen in der Humanmedizin. Vielen Tierfreunden ist es bei einer Erkrankung egal, ob die Katze über einen edlen Stammbaum verfügt oder das Meerschweinchen den Zenit des Lebens längst überschritten hat. Für tierärztliche Interventionen, Haustierbedarf und Dienstleistungen geben Schweizer Besitzer pro Jahr eine Milliarde Franken aus. Nicht nur die veterinärmedizinische Fakultät der Universität Zürich bietet hoch entwickelte Behandlungen an, die Motivation, sich zu spezialisieren, ist auch bei den Tierärzten mit eigener Praxis groß geworden. Akupunkteure, Chiropraktiker, Homöopathen und Physiotherapeuten gehören ebenfalls zu den Fachleuten, die sich kranker Tiere annehmen. Jahre später kratze auch ich alle Ersparnisse zusammen, um meiner Hündin Arab die Operation einer Diskushernie zu ermöglichen.

Während meiner mehrtägigen Präsenz am Spital erlebe ich, was ich von meinen unzähligen Tierrettungseinsätzen der letzten Jahre und den damit verbundenen Besuchen im Tierspital bereits kenne: Die Betreuung der Menschen erfordert von den Tierärzten und Pflegern fast ebenso viel Geduld wie die medizinische Versorgung der Patienten. Verzweifelte Männer und Frauen müssen dazu gebracht werden, von den gesundheitlichen Problemen ihrer Tiere zu erzählen. Besonders kommunikative Zeitgenossen wiederum werden dazu angehalten, ihre Beobachtungen bitte auf den Punkt zu bringen. Und manche Tierhalter müssen zur Einsicht gebracht werden, dass auch die modernen Möglichkeiten der Veterinärmedizin an Grenzen stoßen. Da Tiere nicht sprechen können, ist der Arzt auf die Zusammenarbeit mit den Besitzern angewiesen, er ist aber vor allem die Stimme der Patienten und vertritt deren Interessen. Ob komplizierte Therapien und Interventionen, die das Leiden der Tiere unter Umständen unnötig verlängern, Sinn machen, liegt in der Einschätzung der Fachleute. Sie müssen in diesem Bereich oft schwierige Überzeugungsarbeit leisten.

6. Januar 2002

Manchmal müssen Tiere vor der leidenschaftlichen Liebe ihrer Besitzer geschützt werden, doch weitaus häufiger ist in unserem Alltag das Gegenteil der Fall. Im Tierheim Pfötli sind wir nun auch außerhalb der Ferienzeit mit Hunderten von Lebewesen konfrontiert, die niemand mehr will. Manchen Besitzern fehlt es an Verantwortungsgefühl und Realitätssinn, andere lassen sich von einer Laune leiten, wenn sie sich ein Lebewesen anschaffen.

Als ich Billy kennen lerne, streckt er seine Schnauze zwischen den Gitterstäben hindurch, doch er lechzt nicht etwa nach menschlicher Zuneigung, sondern vielmehr nach Auslauf und Bewegung. Seine Geschichte ist unglaublich, mittlerweile aber beinahe alltäglich: Der Hund wurde Opfer einer Verwechslung. Manche Menschen schaffen sich eine bestimmte Rasse in der Meinung an, sie wüssten genau, welches Wesen und welches Aussehen sich bei ihrem süßen Welpen herausbilden würde, individuelle Eigenschaften werden gar nicht erst in Erwägung gezogen. Bei Billy handelt es sich um einen Alaskan Husky, der sich eigentlich genau so entwickelt, wie es das Schulbuch beschreibt. Leider aber nicht so, wie es sich seine Besitzer vorstellen. Diese haben den Alaskan Husky dummerweise mit dem Siberian Husky verwechselt. Billy wird ohne nähere Abklärungen angeschafft, und die ganze Familie wartet ungeduldig darauf, dass der dunkelhaarige Welpe eine optische Wandlung erfährt, damit endlich die gewünschte Rasse mit den stahlblauen Augen im Wohnzimmer steht.

Nach zwei Jahren schwindet die Hoffnung: Aus Billy wird definitiv nicht das gewünschte Exemplar, denn auch sein Wesen entspricht nicht dem gutmütigen Familienhund, mit dem man gerechnet hat. Sein Laufbedürfnis stresst die Besitzer ebenso wie seine Angewohnheit, Reißaus zu nehmen, sobald eine Katze seinen Weg kreuzt. Ausschlaggebend dafür, dass der Rüde sein Zuhause verliert, ist jedoch folgendes Erlebnis: Beim Versuch, aus Billy wenigstens eine Art Schlittenhund zu machen, binden seine Besitzer ihn vor den Kinderwagen, sichern den Nachwuchs mit dem Sitzgurt und hoffen darauf, dass der kräftige Vierbeiner ihren Anweisungen folgt und beim Transport vorsichtig vorgeht. Doch auf beiden Ohren taub für Befehle, die ihm nie zuvor beigebracht worden sind, zieht Billy das Gefährt – samt schreiendem Kleinkind – in rasantem Tempo über Stock und Stein. Diese Episode bringt das Fass zum Überlaufen, und Billy landet im Tierheim. Dort blicken auch viele sibirische Huskys einer unsicheren Zukunft entgegen, da die bildschönen Vierbeiner um die Jahrtausendwende zwar einen wahren Boom erleben, die Begeisterung vieler modebewusster Besitzer sich aber als kurzlebig erweist.

Wer sich zu Spontankäufen hinreißen lässt – und sich dabei öfter an Fernsehserien, Stars und Reality-Shows orientiert –, sieht das Tier oft eher als trendiges Konsumgut denn als Lebewesen mit eigenen Bedürfnissen. Seit Paris Hilton zum It-Girl samt kleinem Hund avanciert ist, hat der Kauf von Chihuahuas in der Schweiz um das Fünffache zugenommen. Der Schaden hält sich nur vordergründig in Grenzen. Winzige Hunde werden, obwohl sie als eigenständige Wesen betrachtet werden müssen und Pflege und Erziehung benötigen, oft in allzu kleinen Wohnungen gehalten. Ihr

Auslauf ist auf wenige Meter pro Tag beschränkt, und wenn sie leiden, werden Gebell und Zerstörungswut einfach ignoriert. Größere Modehunde wie Billy werden abgeschoben. Auch die Fernsehserie »Kommissar Rex«, in welcher der Polizeihund Rex den Kommissar stets begleiten darf, hat eine regelrechte Schwemme an Deutschen Schäferhunden im Tierheim Pfötli zur Folge. Lange Zeit finden wir auch für Billy keinen Platz. Doch heute lebt er in einem Haus mit großem Garten und unternimmt mit seinem verantwortungsbewussten Besitzer täglich ausgedehnte Ausflüge, die seinem Lauftrieb entsprechen.

22. Juni 2002

»Kann man ein Schweinchen mit ins Bett nehmen?« – »Kann ich es in einem Meerschweinchenkäfig halten?« – »Muss ich täglich Gassi gehen mit ihm?« Während ich von Passanten, Nachbarn und Anrufern normalerweise mit Tierhaltungsfragen zu Murmeltieren, Klapperschlangen und Kamelen eingedeckt werde, ist über Nacht der Mini-Pig-Wahnsinn ausgebrochen. Ich bin verwirrt, werde aber bald aufgeklärt. In der Reality-Show »Big Brother« lebt seit kurzem ein solches Tierchen, das für helles Entzücken sorgt. Zu Hause schalte ich den Fernseher ein, und tatsächlich: Zwischen strippenden, saufenden und streitenden Bewohnern sitzt ein wenige Wochen altes Minischwein. Es benimmt sich im Vergleich zu den anderen Bewohnern tadellos und kommt als gutmütiges Kuscheltier zum Einsatz. Seine Haltung wird unkompliziert dargestellt: Mit einem Napf Futter und einigen Streicheleinheiten scheint das Tier glücklich zu sein.

Ich nehme Kontakt mit der Interessensgemeinschaft Mini-Pigs auf; so etwas existiert in der Schweiz tatsächlich, denn die kleinen Schweinchen werden seit Jahren zu Neujahr verschenkt oder auch als Glücksbringer zu Pensionierungen und Hochzeiten. Bald erfahre ich auch von einem Fall, bei dem das vermeintliche Minitier im Verlauf von Monaten zu einem zweihundert Kilogramm schweren Schwein heranwuchs, das vorübergehend auf dem Balkon untergebracht wurde. Heute lebt Emilia im Garten eines Eigenheims und pflügt dort täglich Erde und Beete um. Schwein gehabt, denke ich, als mir diese Geschichte erzählt wird. Denn vielen anderen Mini-Pigs droht ein schlimmes Schicksal: Die Beschenkten haben sich nicht selber für das Tier entschieden und sind – ähnlich wie Kinder, die zu Ostern ein Kaninchen oder zu Weihnachten ein Kätzchen geschenkt bekommen – mit der Haltung schnell überfordert. Die Schweinchen sind als Partyknüller angeschafft worden, doch dann erweist sich die Pflege der sensiblen und intelligenten Tiere als recht anspruchsvoll. Zudem: Auch ein Minischweinchen ist ein Schwein, das gern suhlt und ackert und eine gewisse Größe erreicht. Spätestens wenn die Rosen umgegraben und der Teppichboden zerfetzt ist, schwindet die Freude vieler Besitzer am Geschenk, das sein Dasein fortan in einem dunklen Stall fristet, euthanasiert wird oder im besten Fall in die Obhut eines Tierheims gelangt.

15. August 2002

»Und wie geht es dir privat?«, fragt die nette Journalistenkollegin, der ich ein Interview zu einem Tierschutzthema geben darf. Das ist eine Frage, die mir immer wieder gestellt wird, von Freunden, von Mitarbeitern, von Berufskollegen. Die Antwort – »Prima, alles ist in bester Ordnung« – befriedigt die wenigsten, wie ich weiß, und gespannt warte ich auch in diesem Fall auf eine Nachfrage. Die Kollegin möchte wissen, ob ich verliebt bin, verlobt oder heimlich geheiratet habe, und verpackt diese Eventualitäten in den Satz »Bist du eigentlich in festen Händen?«. Ich muss lachen: »Ja, in meinen eigenen.«

Ich spreche nicht sehr gern über mein Privatleben, vor allem auch, weil es mir unter dem Strich viel weniger interessant scheint als meine Arbeit, die ich für den vielfältigsten, spannendsten und besten Job der Welt halte. Beziehungsmäßig weiß ich lange Zeit nur etwas: Eine Partnerschaft, wie sie meine Eltern führten, kommt für mich nicht infrage. Interessiert blickt mich die Journalistin an. Ich rede weiter: Bereits als Mädchen habe ich erfahren, dass nichts für die Ewigkeit ist, man die Heimat in sich selbst finden muss, will man unabhängig und glücklich werden. Meine Emotionen kann ich seit Kindheitstagen kontrollieren, meine eigenen Bedürfnisse zurückstellen, wenn es der Sache dienlich ist. Trauer und Schmerz lassen sich verdrängen, man muss im richtigen Moment aber auch den Mut aufbringen, sich mit diesen Gefühlen auseinanderzusetzen. Und was ich heute ebenfalls weiß: Negative Gefühle können auch ein Motor sein. Die Wut treibt mich oft vorwärts, Schrecken und Entsetzen lassen mich weiterkämpfen. Jetzt blickt die Journalistin ratlos. Sie wollte eigentlich über die Liebe sprechen. Ich höre mich sagen: »In meinem Leben gibt es wunderbare Menschen, Mitstreiter, Verbündete, mit denen mich über alle geografischen Grenzen hinweg tiefe Freundschaften verbinden, und an positiven Emotionen wie Freude, Begeisterung und glücklichen Momenten mangelt es auch nicht.«

Was ich nicht sage: Das Bedürfnis nach partnerschaftlicher Zuneigung und Verbundenheit ist natürlich vorhanden. Zudem wäre ich gern Mutter geworden, aber nicht um jeden Preis. Ich war verliebt, lebte zweimal in einer längeren Beziehung. Doch was am Anfang gut und erwünscht war – nämlich eine selbständige, unabhängige Frau –, führte später zu Eifersucht und Entzweiung. Ich beschließe, ein eigenständiges Leben zu führen, in dem es Freunde, Unterstützer und Wegbegleiter gibt, die mir sehr viel bedeuten. Im Rahmen meines Engagements für die Tiere habe ich mich persönlich weiterentwickelt und meine Schüchternheit, die Scheu vor den Menschen, die mich seit meiner Kindheit verfolgt hat, im Verlauf vieler guter Erfahrungen abgelegt.

Wunderbare Menschen, denen ich vertraue, umgeben mich heute, ehrliche Männer und Frauen mit Prinzipien, die ihre Meinungen nicht beim ersten Windstoß revidieren. Menschen, die fähig sind, ihre eigenen Vorteile zugunsten von anderen zurückzustellen, unbequeme Wahrheiten nicht scheuen und mit viel Energie für ihre Träume und Ziele einstehen. Auch mit den Tieren verbindet mich weiterhin ein reißfestes Band. Vor allem meine Hunde geben mir Freundschaft, Stabilität, wortlose Einigkeit. Es geht mir also gut, ich bin zufrieden, vermisse nichts, gerate in ein kurzes oder ein längeres Liebesintermezzo und sehe mich mit dem nächsten Mann konfrontiert, der alles von mir wissen will: was ich denke, was ich fühle, warum ich dieses oder jenes mache oder eben nicht mache.

Dies entspricht vermutlich dem Bedürfnis vieler, den anderen – der anfänglich trotz aller Verliebtheit ein fremdes Wesen ist – verstehen zu wollen. Wie ein Insektenforscher beobachten sie das rätselhafte Exemplar unter der Lupe und werden doch nicht schlau aus ihm. Ich weiß: Ich will mich nicht dauernd erklären müssen. Ich will nicht immer sprechen müssen. Ich will auch kein neues Leben. Wenn ich einen Mann an meiner Seite habe, der das von mir fordert, ergreift mich Wehmut, denn Alleinsein ist für mich ein glücklicher Zustand. Allein kann man tagelang schweigen. Man kann das Haus verlassen, ohne jemandem mitteilen zu müssen, wohin man geht, kann Pläne schmieden, zurückkehren, wann man will. Als Partnerin muss ich hin und wieder ein hübsches Kleid anziehen, Konversation treiben, ein schlechtes Gewissen haben, weil ich die Freiheit vermisse oder einfach das Gefühl, so sein zu können, wie ich tatsächlich bin. Irgendwann beschließe ich, nicht zu suchen, sondern darauf zu warten, dass ich gefunden werde. Als viele Jahre später Lars in mein Leben tritt, weiß ich, dass meine Wünsche in der Liebe weder unerfüllbar noch abnormal waren. Das Warten hat sich gelohnt.

21. Oktober 2002

In späteren Jahren sind wir in Frankreich und Italien, Zypern, Ungarn, Ägypten, Thailand, Nepal, Rumänien, Peru, Mexiko und vielen anderen Ländern tätig. Eine meiner ersten Erkundungstouren im Ausland führt mich nach El Campello in der Nähe von Alicante. Der Einsatz in Spanien bringt mich und meine Mitstreiterinnen in jeder Hinsicht an die Grenzen. Beim edlen Galgo Español, bekannt als Spanischer Windhund, handelt es sich um eine Rasse, die für die alte spanische Tradition der Jagd gezüchtet wird. Galgos müssen oft unter schlimmsten Bedingungen leben und ausgesprochen hart arbeiten. Nachdem sie für ihre Besitzer während der vier Monate dauernden Jagdsaison Höchstleistungen erbracht haben, haben sie nach drei bis vier Jahren meist ausgedient. Jene Tiere, die nicht schnell genug sind, müssen bereits früher sterben. Die Entsorgung von gesunden Tieren, die man nicht mehr braucht oder nicht mehr will, ist moralisch verwerflich, sie beim Sterben leiden zu lassen, geradezu abartig. Doch in Südspanien herrschen diesbezüglich andere Meinungen, und den Arbeitshunden ergeht es besonders schlecht. Wüsste ich es nicht besser, könnte ich es nicht glauben: Die Tiere werden an Bäumen aufgehängt, ihr Todeskampf dauert Stunden, manchmal sogar Tage. Tausende von Hunden werden zudem jedes Jahr nach der Jagdsaison ausgesetzt. Mit Maulschlingen versehen, verdursten sie elendiglich, während andere in Fallen geraten, verwildern oder krank werden, bevor sie sterben.

Ekel und Wut sitzen mir in den Knochen, als ich in der Anlage El Galgo Senior in El Campello in der Nähe von Alicante eintreffe und von der Betreiberin, einer Engländerin mit wildem Haarschopf, in Empfang genommen werde. Pat Osborne hat mehrere hundert Galgos und auch ausgediente Greyhounds aus der Rennindustrie aufgenommen, lässt sie veterinärmedizinisch behandeln und sorgt dafür, dass die meist ausgehungerten Tiere nicht nur Nahrung erhalten, sondern wenn möglich auch sozialisiert werden. Außerhalb der Jagdsaison in dunklen Höhlen oder Kellern gehalten, dürfen die Hunde als Welpen nicht mit Artgenossen spielen und erhalten keinerlei menschliche Zuneigung, klärt mich die Tierschützerin auf. Auf dem rund tausend Quadratmeter großen Gelände sollen die Hunde darum auch mit Menschen in Kontakt kommen, damit sie irgendwann an neue Halter im Ausland vermittelt werden können. Mit dem Einsatz von Galgos im Rahmen der Jagd sei es in Spanien wie mit den Stierkämpfen, sagt Pat: Sie gehören zum sogenannten kulturellen Erbe des Landes. Und somit gehören sterbenskranke und gequälte Hunde seit vielen Jahren zu ihrem Alltag.

Die Umstände, unter denen Menschen und Tiere hier leben, sind dramatisch. Pat hat ihr Engagement wie so viele andere mit nur wenigen Schützlingen gestartet. Doch aufgrund des schrecklichen Schicksals, das die erwartet, denen sie die Aufnahme verweigert, tummeln sich nun über zweihundert Galgos und Greyhounds auf einem komplett verwilderten Gelände. Die Engländerin ist bereits völlig verarmt. Als ich bei einem späteren Einsatz ihr kleines Häuschen auf dem Areal betrete, stockt mir der Atem. Sie haust inmitten von Dreck und Müll mit den Tieren zusammen, die das Refugium ihrer Retterin als eigene Bleibe erobert haben und sich ungeniert über die wenigen Nahrungsmittel hermachen, die sich Pat noch leisten kann. Die Arbeitsabläufe im Alltag sind kompliziert, ungeregelt und die Erledigung vieler Aufgaben äußerst anstrengend. Weil die alte Wasserpumpe defekt ist, müssen zum Beispiel pro Woche zehntausend Liter Wasser angeliefert werden, die Pat von Hand in Dutzende von Futtertränken füllt.

Aufmerksam geworden bin ich auf dieses Projekt übrigens, weil ausländische Kamikaze-Tierschützer in einer Nacht-und-Nebel-Aktion Säcke voll Trockenfutter über den Zäunen der Außengehege ausschütteten, was zu einem regelrechten Krieg zwischen den ausgehungerten Hunden und zu unzähligen schwer verletzten Tieren führte, die medizinisch nicht versorgt werden konnten. Pat, der ich am Anfang skeptisch gegenüberstehe, wird im Verlauf der Zeit zu einer engen Freundin, die ich schätze und bewundere. Vieles ist schiefgegangen in El Galgo Senior, aber fast alles ist nachvollziehbar, denn alle Entscheidungen von Pat hatten das Wohl der Tiere im Sinn, wobei die 57-Jährige selbst in eine existenzielle Krise geraten ist.

Als Erstes lade ich Pat zum Essen ein. Sie vertilgt Unmengen an Tapas und einen großen Teller Reis. Sie habe seit langem keine warme Mahlzeit mehr zu sich genommen, sagt sie entschuldigend. Danach stellen wir für die Tiere ein Erste-Hilfe-Programm auf die Beine: Priorität haben Impfungen, die notwendigsten medizinischen Versorgungen, die Isolation schwer kranker und verletzter Tiere und vor allem der Futternachschub. Für einige Galgos und Greyhounds gibt es leider keine Rettung. Solche Entscheidungen sind immer sehr schwer zu treffen, und die meisten Tierheimbetreiber – das erlebe ich auch in der Schweiz immer wieder – schrecken davor zurück, selbst schwerstkranke Schützlinge zu erlösen. Das führt, wie bereits erwähnt, zu unbeschreiblichen und unverzeihlichen Situationen. Eigne Gefühle und weltanschauliche Ideen – also egoistische Motivationen – stehen im Vordergrund, wenn furchtbare Qualen und lange Leidenszeiten zugelassen werden, die keinen Sinn machen, weil das Ende unausweichlich ist.

2. November 2002

Wir sichern den Futternachschub und entwurmen die Tiere, was die Durchfallerkrankungen verringert, unter denen die meisten leiden. Flohhalsbänder aus der Schweiz führen dazu, dass sie sich nicht mehr blutig kratzen, was spätere Infektionen verhindern wird. Wir bringen zwei Lastwagenladungen Material nach Spanien, und ein vierköpfiges Einsatzteam macht sich in den folgenden Wochen an die Reinigungsarbeiten. Wir karren Kot und Dreck vom Gelände, waschen, räumen auf, verbrennen riesige Berge von Müll. Unsere finanziellen Mittel sind am Anfang beschränkt, doch Not macht erfinderisch: Ausgediente Holzpaletten dienen nun als erhöhte Liegeplätze, eine alte Gebäudehalle als Rückzugsort. Wir reparieren Zäune, sanieren das Futterlager sowie manche Innenräume und sorgen für einen funktionierenden Nachschub an frischem Wasser.

Die spanische Polizei erweist sich als unser härtester Gegner. Obwohl die Tiere noch immer in Not leben, werden wir fast täglich mit absurden behördlichen Auflagen konfrontiert, die es einzuhalten gilt, da ansonsten die gesamte Anlage polizeilich geräumt werde, wie man uns droht. Eine dieser Verhinderungsaktionen wird mir für immer in Erinnerung bleiben: Die fundamentalen Voraussetzungen der Infrastruktur sind noch nicht geschaffen, als uns ein mit zahlreichen Stempeln und Unterschriften versehenes Papier ausgehändigt wird. Das Schreiben informiert über das Verbot der spanischen Landwirtschaftsverordnung, Hundebetten aus Holz zu installieren, da dieses nicht desinfiziert werden könne. Soeben haben wir tagelang entsorgt, geputzt und geschrubbt: Die hygienischen Zustände haben hier seit Jahren niemanden interessiert. Dennoch müssen wir auch diese Vorschrift erfüllen, Liegeplätze und anderes wieder abbrechen und aus Zeltblachen neue Unterkünfte sowie Schattenplätze bauen.

25. März 2003

Zu allem Unglück erhalten auch andere Organisationen und Privatpersonen via Internet Wind von den schwierigen Umständen im El Galgo Senior, und wie so oft stehen sie ungebeten und mitten im Aufbauprozess plötzlich auf der Matte. Nicht etwa um mitanzupacken, sondern um schreckliche Bilder und Berichte über die lokalen deutschsprachigen Medien in Alicante zu verbreiten, die ihre Auflagenzahlen mit solchen Beiträgen steigern wollen. Dieser Umstand hat Pat bereits in der Vergangenheit zur Zielscheibe von groben Anfeindungen und regelrechten Hasstiraden gemacht. Die wenigen Unterstützer, die ihr bisher hin und wieder eine Spende zukommen ließen, sind daraufhin abgesprungen, was maßgeblich zur immer prekärer werdenden Lage des Hundeheims beigetragen hat.

Diesen Menschen, das erfahre ich auch bei vielen anderen Auslandeinsätzen, geht es bei ihren Aktionen nicht um den Tierschutz. Sie stellen sich selbst in den Vordergrund, sind entsetzt und empört, haben vor Ort Heulkrämpfe und Nervenzusammenbrüche und behindern unsere Arbeit ganz gewaltig. Von organisiertem Vorgehen und vorbereitender Arbeitsplanung halten sie meist nichts. Sie entscheiden spontan, an einen Ort zu reisen, der gerade im Zentrum des medialen Interesses steht, und sonnen sich Transparente schwenkend und lautstark protestierend im Glanz der öffentlichen Aufmerksamkeit. Vielen dieser selbst ernannten Tierfreunde fehlt es an praktischem Sinn. Wie man einen Putzlappen in die Hand nimmt, eiternde Wunden versorgt oder einen Nagel in die Wand schlägt, wissen die meisten nicht. Auch die wenigen, die bereit wären, sich im El Galgo Senior die Finger schmutzig zu machen, richten somit mehr Schaden an, als dass sie Gutes tun.

Andere lungern, nachdem Journalisten und Kamerateam abgezogen sind, tagelang untätig herum und strapazieren unsere Nerven mit abstrusen utopischen Verbesserungsvorschlägen. Ebenfalls ein beliebtes Vorgehen von vermeintlichen Tierfreunden: Nachdem andere die anstrengende Arbeit erledigt haben, spenden sie hundert Dollar oder zehn Kilogramm Futter und schmücken sich mit fremden Federn beziehungsweise mit jenem Engagement, das andere geleistet haben. Solche Aktionen müssten mich ja nicht interessieren, würden sie nicht die Aufbauarbeit der seriösen Organisationen – von denen es unzählige gibt – untergraben. Zudem entsteht bei großen Teilen der Bevölkerung, die sich ab dem Jahr 2004 auch in den sozialen Medien informieren, was an der internationalen Hilfsfront läuft, ein falscher Eindruck, was Tierschutz bedeutet. Spendengelder fließen dann oft in falsche Kanäle. Anfänglich durchschaue ich die Zusammenhänge, Spielchen und Betrügereien nicht, doch mittlerweile halte ich diese Leute samt ihren zweifelhaften Aktionen auf Abstand.

30. April 2003

In Spanien sind wir mit einer zusätzlichen Problematik konfrontiert, die wir in Zukunft aktiv bekämpfen werden. Ein junges Team von deutschen Tierärzten befindet sich im El Galgo Senior vor Ort. Vor Wochen haben sie noch im Hörsaal gesessen, jetzt wollen sie als Anfänger jene Praxis erwerben, die man an verwaisten Tieren offenbar austesten kann, ohne Konsequenzen befürchten zu müssen. Heimatlose Tiere werden aufgrund ärztlicher Ignoranz, unsorgfältigen Vorgehens oder weil es schlicht an Erfahrung mangelt, fehlerhaft und oft mit tödlichem Ausgang falsch behandelt oder stümperhaft operiert.

Im Tierschutz kommt in vielen Ländern oft erschwerend dazu, dass die Infrastruktur rudimentär ist und die Bedingungen anspruchsvoller sind als in einer sauberen, perfekt ausgerüsteten, klimatisierten Praxis. Wenn man unter Feldbedingungen operieren muss, ist Erfahrung unabdingbar, und auch spezialisiertes Wissen kann nicht schaden: Heimatlose Tiere, die unter extremen Bedingungen leben, leiden unter anderen medizinischen Problemen als ein optimal gepflegter und stets tierärztlich versorgter Vierbeiner aus Mannheim. Meine Mitstreiter und ich kämpfen in den folgenden Jahren darum, dass sich die Voraussetzungen verbessern: Wir rufen Fachtagungen und entsprechende Ausbildungsseminare für junge Tierärzte ins Leben, die sich vor allem in osteuropäischen Ländern einer steigenden Beliebtheit erfreuen und heute von international anerkannten Experten unterstützt und geleitet werden.

Auch in der Schweiz entsprechen unsere Workshops und Praktika für junge Tierärzte, die wir zusammen mit der Organisation Kompanima ins Leben gerufen haben, einem Bedürfnis. Den freiwilligen Tierärzten sowie allen anderen Helferinnen und Helfern aus verschiedenen Fachgebieten, die wir in den folgenden Jahren für unsere Einsätze rekrutieren, verdankt unsere Stiftung unglaublich viel: Sie erbringen körperliche und fachliche Höchstleistungen und opfern ihre Freizeit für die ehrenamtlichen Tätigkeiten. Ich bewundere ihre unerschöpfliche Energie, ihr echtes und tiefes Verständnis für den Tierschutz, ihr Engagement, auf das auch in schwierigsten und schmerzvollen Einsätzen Verlass ist. Nebst Tausenden von medizinischen Interventionen, die sie in den folgenden Jahren unter extremen Bedingungen durchführen, bieten sie Entscheidungshilfen an, regen neue Projekte und politische Veränderungen an, bilden Fachleute aus, trainieren junge Tierärzte vor Ort, kurz: Ohne meine Mitstreiter, zu denen auch rund hundertfünfzig freiwillige Mitarbeiter aus den verschiedensten Disziplinen gehören, wäre unsere Arbeit niemals möglich. Diese Menschen sind für mich eine unabdingbare Hilfe, Motivation und Trost. Sie gehören zu meiner inneren Heimat.

In späteren Einsätzen werden wir mit eigenen Teams zu Pat reisen, doch dieses Mal sollen die Kastrationen von den Helfern aus Deutschland durchgeführt werden. Wir müssen akzeptieren, dass Pat – in Vorfreude auf die Hilfe für ihre Hunde – den Jungtierärzten Zugang zu ihrem Heim und ihren Tieren gewährt hat. Von den Zuständen dort sind sie offensichtlich angewidert. Auf mein Nachfragen bezüglich ihrer beruflichen Erfahrung reagieren sie unwillig, woraus ich schließe, dass sie noch keinen einzigen Tag selbständig gearbeitet haben. Vor allem aber legen sie von der ersten Minute an ein überhebliches Verhalten an den Tag. Ihre Überforderung schlägt bald in Aggressivität um: Die verängstigten Tiere werden angeschrien und respektlos behandelt, Pat bezeichnen sie als »Schwein«, und meine Wenigkeit hassen sie instinktiv vom ersten Moment an. Doch mitten im Morast, das lehrt mich meine Arbeit als Tierschützerin, gibt es immer wieder Glücksmomente. Wie Albert Schweitzer einst formulierte: »Jeder Tag bringt seine Geschenke mit. Man muss sie nur auspacken.«

An diesem frühen Morgen bin ich auf dem riesigen Tierheimareal unterwegs, von den rund zweihundert Tieren sind nur wenige zu sehen. Über Nacht ziehen sie sich in den begrünten hinteren Teil des Areals zurück. Das Land ist leicht abschüssig mit ineinander übergehenden Ebenen und der nahen Felskette, die mein Ziel ist. Alles ist ruhig und friedlich, doch plötzlich vernehme ich laute Rufe. Einer der Tierärzte will mich offenbar sprechen. Und zwar sofort, wie er mir schreiend und wild gestikulierend mitteilt. Ich drehe mich um, warte, gehe einige Schritte auf ihn zu und höre mir an, was er zu sagen hat. Er ist bereits wütend, wird fuchsteufelswild, schreit mich minutenlang an. Ich verliere ebenfalls kurz die Fassung, weise ihn in knappen Worten zurecht und bemerke Sekunden später, wie sich seine Gesichtsfarbe verändert. Blass und mit vor Angst weit aufgerissenen Augen blickt er zum hinter mir liegenden Horizont. Ich bin etwas erstaunt, so schlimm war meine Abreibung denn doch nicht. Als er mit erhobenen Händen langsam den Rückzug antritt, drehe ich mich um: Auf den Felsen und Erhebungen in meinem Rücken haben sich lautlos unzählige Galgos und Greyhounds formiert, und immer mehr Hunde kommen dazu. Die schweigende Schutzarmee blickt ruhig und aufmerksam auf uns. Ihre Körperhaltung verrät mir: Die Tiere sind bereit zum

Ansprung auf meinen Widersacher, der ihnen in den vergangenen Tagen mit Hass und Wut begegnet ist. Wenig später ist der verängstigte Feind nur noch als immer kleiner werdender Punkt zu sehen.

Die Hunde springen nun freudig an mir hoch und lassen sich streicheln. Mir schießen Tränen in die Augen. Ich bin erschöpft, die zurückliegenden Monate waren in jeder Hinsicht eine große Herausforderung. Doch ich weine vor Glück. Wann immer ich in den folgenden Jahren an mein Limit gerate, Kummer und Sorge übergroß werden, erinnere ich mich an diesen Moment. Er wird zum Sinnbild für meine Arbeit: Nichts und niemand wird mich aufhalten, denn ich habe unzählige Tiere im Rücken. Jene, denen bereits geholfen wurde, und jene, die meine Hilfe noch dringend benötigen.

2. März 2004

Im El Galgo Senior mit seiner unterdessen sicheren und artgerechten Infrastruktur führen wir weiterhin Kastrationsprogramme durch. So wird erreicht, dass sich die riesige Population nicht mehr vergrößert und die Kämpfe unter den Vierbeinern massiv abnehmen. Weitere Arbeitseinsätze – auch in andern Regionen – sind nötig, um das Wohl der Galgos und Greyhounds langfristig zu sichern. Dieses frühe Auslandprojekt bestätigt mich auch in der Meinung, dass die tierschützerische Unterstützung niemals nur eine vorübergehende Hilfe von Dritten bedeuten darf. Nicht nur entzieht man den Tierheimbetreibern die Verantwortung und bevormundet sie in unangebrachter Art und Weise. Verabschieden sich die Helfenden eines Tages in der berechtigten Meinung, die Betriebe befänden sich nun auf gutem Weg, bleiben die organisatorischen Probleme für die Zurückbleibenden bestehen, und das Risiko, erneut abzugleiten, ist groß. Aus diesem Grund wählen wir den anstrengenderen Weg und stellen uns den vielen Diskussionen und Rückschlägen, die zwangsläufig mit einem nachhaltigen Optimierungsprozess verbunden sind. Es liegt uns auch viel daran, Pat das notwendige Fachwissen für die Schaffung langfristiger Verbesserungen zu vermitteln, wozu auch ein soziales und professionelles Netzwerk vor Ort gehört.

Es ziehen Jahre ins Land, in denen wir, unterstützt von einer weiteren Schweizer Tierschutzorganisation, mit unserem Einsatzteam immer wieder nach Spanien reisen. Längst ist Pat eine Freundin geworden. Wir mailen uns wöchentlich, sind auf dem Laufenden, was im Leben der anderen geschieht. Wenn ich wütend bin, mich aufrege, Liebeskummer habe oder verliebt bin, wenn andere Projekte gelingen und ich glücklich bin, schreibe ich Pat einige Zeilen. Ihre Antworten sind immer klug und amüsant. Ist sie in der Schweiz, wohnt sie gern bei mir. Pat geht es nun gut: Sie hat eine solide Basis zur Unterstützung ihrer Arbeit aufgebaut, verfügt über ein internationales soziales Netzwerk, hat viele gute Freunde und besucht hin und wieder ihre ehemaligen Schützlinge, die in verschiedenen Ländern ein neues Zuhause gefunden haben. Es ist schön, sie gesund, stark und zufrieden zu sehen. Doch dann – Anfang Januar 2013 – erhalte ich aus heiterem Himmel eine Nachricht von einer Tierschützerin aus Alicante: Pat hatte einen Unfall. Die Nachricht klingt äußerst besorgniserregend. Ich will meine Freundin sofort besuchen und frage nach, ob das möglich sei. Ich starre auf den Bildschirm, bis die Antwort erscheint: »Pat ist beim Unfall ums Leben gekommen.« Beim Versuch, einen ausgesetzten Galgo einzufangen, geriet sie – die mittlerweile unter Hörproblemen litt – auf die Bahnschienen, wurde vom herannahenden Zug erfasst und war sofort tot.

Ich bin fassungslos und unendlich traurig. Unzählige Erinnerungen an gemeinsame Erlebnisse und Aktionen machen unsere Freundschaft einzigartig: Wir konnten nicht nur miteinander lachen und weinen, wir konnten auch wunderbar miteinander schweigen. Lange Zeit bringe ich es nicht über mich, den Earl-Grey-Tee, der immer in meinem Küchenschrank für sie bereitgestanden hat, zu entsorgen. Jedes Mal, wenn ich die Packung sehe, habe ich für einen Moment die Hoffnung, dass wir bald wieder gemeinsam beim Frühstück sitzen und Pläne schmieden werden. Später denke ich an die Altersgebresten, von denen Pat nicht verschont geblieben ist und die ihr vermutlich in den kommenden Jahren das Leben schwer gemacht hätten. Dieser und ein zweiter Gedanke bleiben mein einziger Trost: Pat ist so gestorben, wie sie es sich gewünscht hätte, aktiv, indem sie einem ihrer Hunde geholfen hat.

5. Dezember 2005

Die Betreuung von sogenannt schwierigen Hunden gehört seit vielen Jahren zum Spezialgebiet des Tierheims Pfötli. Die für die Hunde verantwortlichen Tierpflegerinnen verfügen über spezielle Ausbildungen und gehen die Probleme – gemeinsam mit externen Fachpersonen – auf hohem Niveau an. Es geht dabei oft um das Wohl von Tieren, deren auffälliges Verhalten einer schwierigen Vergangenheit geschuldet ist. Aber natürlich kann sich ein problematisches Verhalten auch als potenzielle Gefahr für das menschli-

Das Wohl von Tieren hängt vom individuellen Wissen, von der Zuneigung und dem Charakter der Menschen ab, in deren Obhut sich die Schützlinge befinden. *(SUST-Tierheimneubau in Rumänien)*

Nicht jedem Tier ist die Rettung vergönnt, und manchmal könnte ich heulen, wenn ich miterlebe, wie misshandelte oder vernachlässigte Tiere um ihr Leben kämpfen. *(Tierheim in Süditalien)*

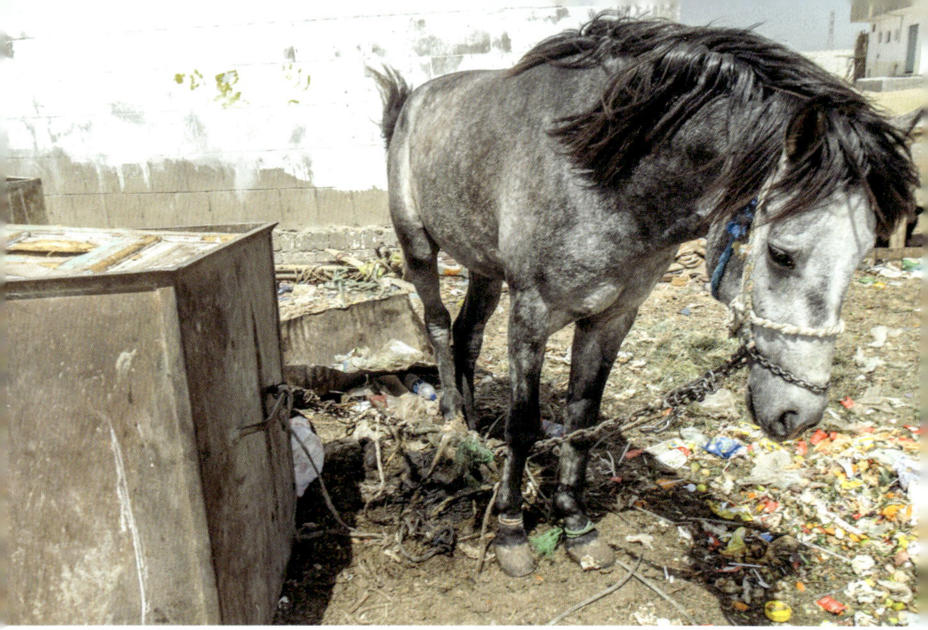

Ich entdecke einen Hengst, der mit eng zusammengebundenen Vorder- und Hinterbeinen in einem Abfallberg steht, der prallen Sonne ausgesetzt, zur Reglosigkeit verdammt.

Einheimische Beobachter berichten, das Tier, das wir später nach Salvador Dalí benannten, befinde sich seit Wochen in dieser Situation.

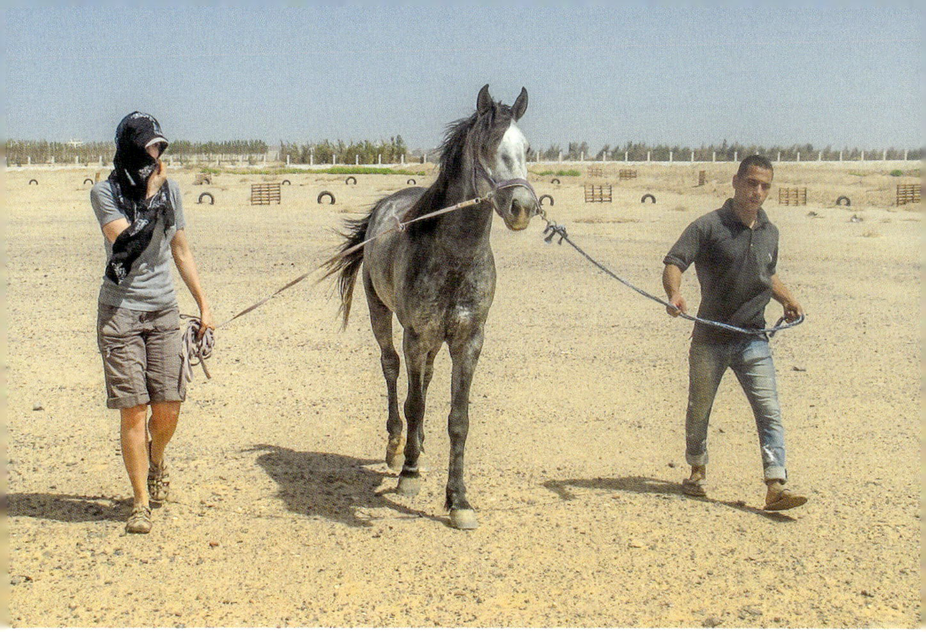

Ich darf Salvadors Fesseln durchschneiden, ihm ein geeignetes Halfter anlegen. Dann führen wir das schöne Geschöpf in zügigem Schritt durch die Wüste.

Schon kurz darauf galoppiert Salvador wiehernd über die Koppel des Bluemoon Animal Center auf mich zu und vertilgt den mitgebrachten Apfel.
(Alle Bilder: Ägypten)

Viele Straßenhunde werden nie auffällig, doch es liegt in der Natur der Sache: Krankheiten und Zehntausende von hungrigen Welpen und Junghunden verschärfen den Überlebenskampf.

Manche Straßenhunde sind menschenscheu, leben zurückgezogen und beinahe unbemerkt – hier sind vor allem Kastrationen wichtig. *(Alle Bilder: Ägypten)*

Immer wieder führen Beschwerden von Menschen, die sich vor den vielen Straßenhunden fürchten, dazu, dass die Regierung Erschießungs- und Vergiftungsaktionen durchführt.

Wir träumen von einer paradiesischen Wüstenanlage, die ausgedienten Eseln, aber auch heimatlosen Hunden, Katzen, Ziegen, Hühnern und Nymphensittichen ein neues Zuhause bietet.

Verschiedene Tierärzte und andere Fachleute aus unseren Helferteams opfern ihre Freizeit, damit das Bluemoon Animal Center Realität werden kann, und verzichten dabei auf ein Honorar.
(Alle Bilder: Ägypten)

Die meisten Esel arbeiten jahrelang hart, ohne jede Pflege und artgerechtes Futter; dementsprechend beklagenswert ist ihr Zustand.

Die wichtigste Voraussetzung im Kampf um die Verbesserung von Tierheimen ist die Frage: Haben deren Betreiber die gleiche Auffassung von Tierschutz und Nachhaltigkeit wie wir, wollen auch sie dauerhaft etwas verändern? *(Kroatien)*

Wir versorgen zum Teil schwer kranke Tiere, angefahrene Hunde, Katzen und nicht zuletzt all jene, die ausgesetzt wurden, wobei wir uns auf die dringlichsten medizinischen Probleme konzentrieren müssen.

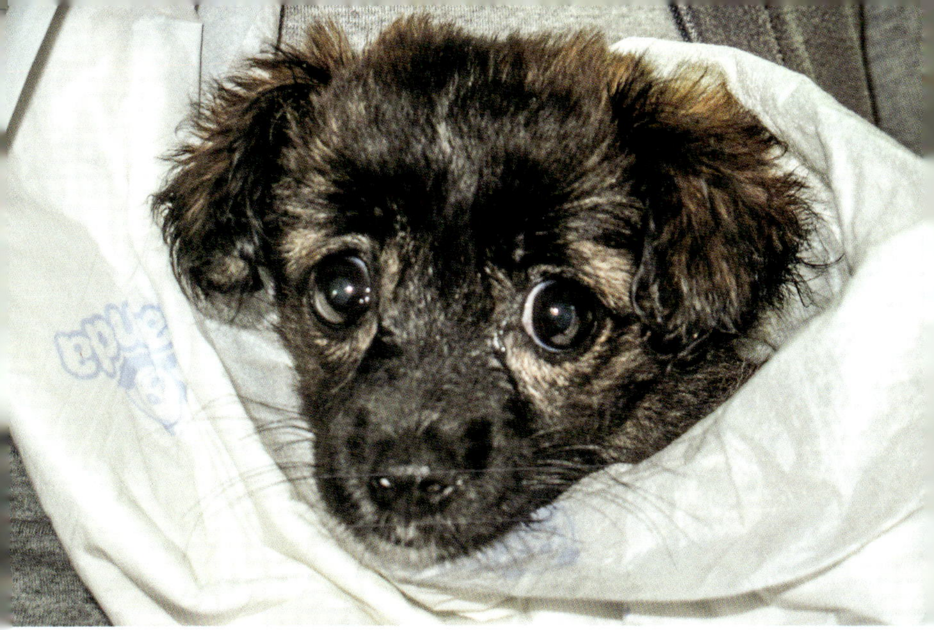

Wie durch ein Wunder finden viele Tiere den Weg vor die Tore des Heims und betteln mit flehenden Augen und hungrigen Bäuchen um Einlass. *(Alle Bilder: Rumänien)*

In Rumänien stoßen wir im ganzen Land auf überfüllte Tierheime und Tötungsstationen. Im Verlauf vieler Jahre arbeiten wir mit unzähligen Institutionen zusammen, die sich zu anständig geführten Tierheimen entwickeln.

Wir wollen Voraussetzungen schaffen, die es den Fachkräften vor Ort ermöglichen, das Leben jener zu retten, die bisher als nicht behandlungswürdig qualifiziert worden sind.

Wir organisieren eine Spendensammlung, um dem Elend etwas entgegenzusetzen und ein nach europäischem Standard erbautes Tierheim mit Vorbildcharakter errichten zu können. *(Alle Bilder: Rumänien)*

Wir waren entsetzt, als wir im alten Tierheim sahen, wie die Katzen auf engstem Raum, in Eiseskälte und in Dunkelheit leben mussten. Sie alle fanden später Unterschlupf in unserem Tierheimneubau.

Was wir auch bei anderen Hunden und Katzen feststellen, die aus quälenden Umständen befreit werden: Die Tiere erholen sich oft schnell, nicht zuletzt dank der neuen Sicherheit und dem menschlichen Wohlwollen.
(Alle Bilder: Rumänien)

In vielen Tierheimen fehlt es am Nötigsten. Seit wir Sammelaktionen für Materiallieferungen wie Futter, Körbe, Spielzeug usw. durchführen, kommen Tonnen von Hilfsgütern zusammen, die wir in der halben Welt verteilen.

Eine Gemeinsamkeit verbindet alle Straßenhunde: Sie sind im Normalfall nicht kastriert und sorgen für zahlreichen Nachwuchs. *(Rumänien)*

In Rumänien existieren Hunderttausende von verwilderten Katzen, vor allem aber rund zwei Millionen Straßenhunde.

Es ist in Rumänien an der Tagesordnung, Welpen zu entsorgen, indem man sie aussetzt, ersäuft oder in den Müllcontainer wirft.
(Welpenstation im Tierheimneubau)

Wenn unsere Teams Arbeitspferde veterinärmedizinisch versorgen, helfen sie damit nicht nur den Tieren in ihrer Not, sondern auch den Familien, die dringend auf die Arbeitsleistung ihrer Pferde angewiesen sind. *(Rumänien)*

OBA

Wir erleben und sehen immer wieder Schreckliches und arbeiten oft bis an unsere Leistungsgrenze. Nach unseren Einsätzen müssen wir das hinter uns Liegende zuerst verarbeiten.
(Bild links und Bild rechts oben: Ungarn, Bild unten rechts: Italien)

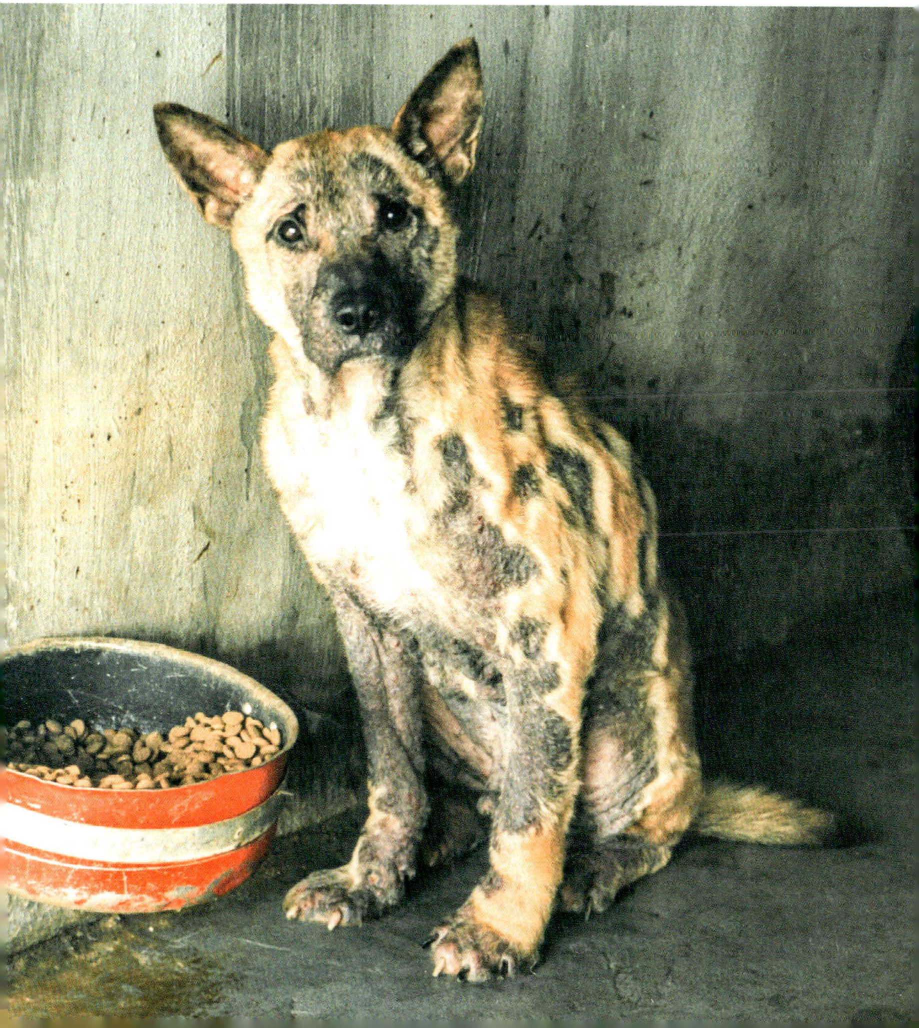

Überall auf der Welt fristen Zehntausende von Tieren in überfüllten Tierheimen ein elendes Dasein oder kämpfen in verwilderten Kolonien um ihr Überleben. *(Kroatien)*

Damit wir die Tiere retten können, rufen wir die SUST-Tierwaisen-Hospitäler ins Leben.

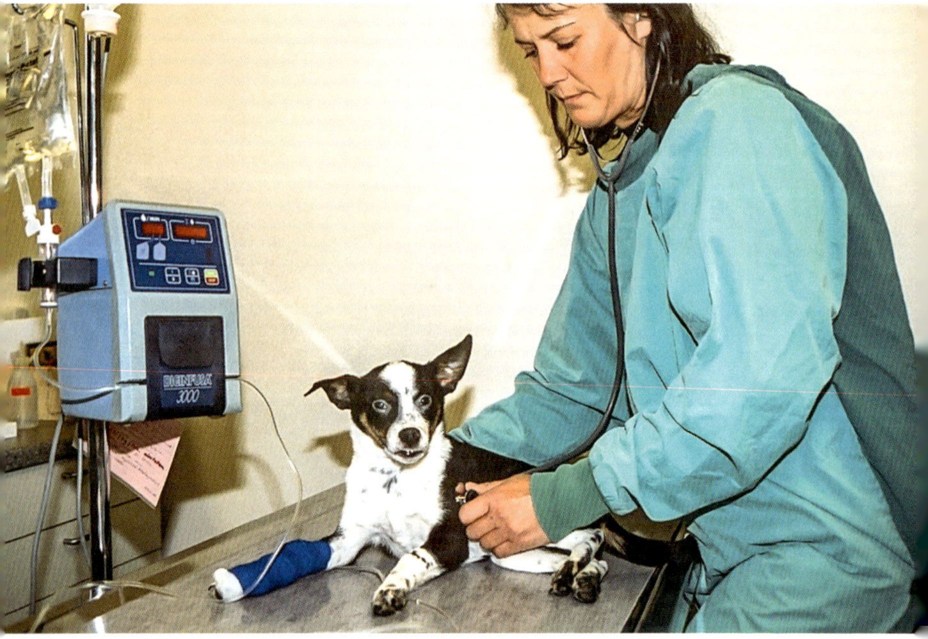

Längst gehören erfahrene Tierärztinnen, ausgebildete Pfleger und tiermedizinische Praxisassistentinnen zum Team, aber auch über hundert freiwillige Helferinnen und Helfer.

In der Schweiz sind die Rechte der Tiere seit meinen Jugendjahren erweitert worden, und auch die Qualität der Infrastruktur ist heute in vielen Schweizer Tierheimen hoch. *(Einsatz für ein Tierheim in Gals BE)*

Die SUST finanziert auch in der Schweiz Katzenkastrationsaktionen. Gemeinsam mit vielen anderen Tierschutzorganisationen kämpfen wir dafür, dass die Menschen den Sinn dieser Maßnahmen einsehen.

Es ist ein besonderes Gefühl, in die leuchtend gelben Augen eines Wolfes zu blicken und dann – wenn er es erlaubt hat – in sein dichtes Fell zu fassen. *(Bild: Monty Sloan / Wolf Park, USA)*

Bei unseren Einsätzen impfen wir die Tiere, entwurmen sie, verarzten ihre Wunden, behandeln Augen- oder Hautkrankheiten und haben so schon Tausende gerettet. *(Ungarn)*

che Umfeld erweisen. In Bezug auf die Vermittelbarkeit stehen zwei zentrale Fragen im Fokus: einerseits die Frage, wie stark die Lebensqualität eines Hundes durch sein auffälliges Verhalten negativ beeinträchtigt ist, und andererseits die Frage, ob der Hund eine Gefahr für Menschen oder andere Tiere darstellt. Hunde mit extrem schwierigen Biografien und auffälligem Verhalten sind schwer vermittelbar, das wissen wir aus dem Alltag des Tierheims, denn diese Vierbeiner stellen hohe Anforderungen an ihre zukünftigen Halter.

Bevor an eine Platzierung gedacht werden kann, braucht es viel Engagement von unserer Seite. Während einer ersten Eingewöhnungsphase muss man die Tiere kennen lernen, sie werden medizinisch abgeklärt, und danach wird ein individuelles Trainingsprogramm zusammengestellt. In diesen Prozess sind je nach Bedarf externe Hundetrainer, Verhaltensmediziner und andere Fachpersonen eingebunden. Das auf positiver Verstärkung basierende verhaltenstherapeutische Training findet stets unter Anwendung der neuesten wissenschaftlichen Erkenntnisse aus der Verhaltensforschung und der Lerntheorie statt. Dabei gilt: Grenzen zu setzen und ein Tier zu führen, hat niemals etwas mit körperlichen Sanktionen zu tun. Oft können innerhalb kurzer Zeit große Fortschritte erzielt und die Tiere in ein geeignetes Zuhause vermittelt werden.

Nun sind wir mit einem Fall konfrontiert, der die ganze Schweiz schockiert: Ein Mann, Morris C., hat vor kurzem Pitbulls in die Schweiz gebracht, um sie hier zu verkaufen. Aufgewachsen sind sie bei seiner Mutter in Italien. Bis sie zu neuen Besitzern gelangen, befinden die Pitbulls sich in der Obhut von Morris C. und seiner Partnerin. Der Auslauf wird den Hunden verweigert, sie werden geschlagen und vernachlässigt. Die Gefährlichkeit von Tieren hängt nicht nur von der Genetik ab, sondern auch von Umweltreizen und davon, wie sie in der gesamten Sozialisierung gehalten werden. Fehlentwicklungen ergeben sich durch die Ignoranz von selbst ernannten Züchtern, das Fehlen von Anleitung und Zuneigung, aber auch durch Nahrungsentzug und Misshandlungen. An einem Wintermorgen gelingt einigen der nun erwachsenen Tiere die Flucht aus ihrem Gefängnis. Die folgenden fatalen Ereignisse sind ein Zusammenspiel von schrecklichen Zufällen: Zum selben Zeitpunkt, als die gestörten Hunde zum ersten Mal in Freiheit sind, macht sich der sechsjährige Süleyman auf den Weg in den Kindergarten. Drei Hunde fallen auf einem Schneefeld über das Kind her, das noch an Ort und Stelle stirbt. Die Schweiz steht unter Schock. Es schmerzt mich noch heute, an den kleinen Süleyman zu denken, an seine Eltern, die den Rest ihres Lebens mit diesem Verlust zu kämpfen haben werden. Doch ich weiß: Die Schuld an diesem unvorstellbaren Drama liegt bei der Verantwortungslosigkeit von Morris C. und nicht bei seinen Hunden.

Die drei am Tode des Jungen beteiligten Hunde werden auf Entscheid des Veterinäramtes sofort euthanasiert, die drei Geschwisterhunde bei uns untergebracht. Spezialisiert auf extrem schwierige Tiere, sind wir einiges gewohnt, doch dieser Fall erreicht eine neue Dimension. Es beginnen langwierige Abklärungen, in die amtliche Vertreter, verschiedene Spezialisten und Experten eingebunden sind. Täglich rufen mich Journalisten an und versuchen zu erfahren, wo sich die Hunde befinden. Abgesehen davon, dass ich in solchen Fällen zu Verschwiegenheit verpflichtet bin, würde ich solche Interna niemals publik machen. Die Tiere brauchen Ruhe – egal, was für eine Zukunft ihnen bevorsteht – und keine öffentliche Aufmerksamkeit, schon gar kein falsches Interesse. Im Rotlichtmilieu vermutet man schnell, dass sich die Tiere in unserer Obhut befinden, und was nun geschieht, erfüllt mich mit Abscheu: Wir erhalten zigfache Anfragen von interessierten Männern, die sich für die in ihren Kreisen wertvollen Tiere interessieren, und immer wieder stehen zwielichtige Figuren vor unserer Tür, die sich erkundigen, ob wir ihnen einen Pitbull vermitteln können. Abgesehen davon, dass Morris C. die drei beschlagnahmten Hunde zurückfordert, da er selbst nicht auf den Profit verzichten will, den er sich vom Verkauf seiner »Produkte« verspricht, ist meine Antwort an die Gestalten aus der Unterwelt immer dieselbe: »Momentan haben wir ganz herzige Pudeli. Sind Sie interessiert?« Natürlich nicht. Letztlich kann keine Seite ihre Interessen umsetzen, denn auch für die Geschwisterhunde gibt es keine Rettung. Sie müssen auf amtliches Geheiß eingeschläfert werden.

20. Dezember 2006

Die Geschichte von Morris C. verfolge ich weiter. Vor dem Bezirksgericht Dielsdorf zeigt er keine Reue, wie ich aus der Boulevardzeitung erfahre. Er gibt an, seine Exfreundin habe die Hunde jeweils mit einer Bratpfanne und anderen Gegenständen geschlagen. Schließlich wird er wegen fahrlässiger Tötung sowie schwerer fahrlässiger Körperverletzung verurteilt – weil eine Zeugin des Dramas offenbar ein schweres Trauma erlitten hat. Meiner Meinung nach hat Morris C. nicht allein den Tod eines Menschen zu verantworten, er hat auch das Leiden und Sterben von mehreren Hunden verschuldet. Er muss zweieinhalb Jahre unbedingt hinter Gitter. Das geringe Strafmaß ärgert mich, in den USA geht man länger in den Knast, wenn man eine halbe Pizza geklaut hat. Das Zürcher Obergericht spricht ein knappes Jahr später das endgültige Verdikt. Der Vorwurf der schweren Körperverletzung wird fallen gelassen. Nachdem der 43-Jährige zwei Drittel der erstinstanzlich ausgesprochenen Strafe abgesessen hat, ist er schon wieder auf freiem Fuß.

Der Fall hat zu Recht hohe Wellen geworfen. Als Konsequenz setzt der Kanton Zürich die neue Hundeverordnung mit dem Rasseverbot in Kraft. Sogenannte Listenhunde bezahlen die Rechnung für Morris C.s verantwortungsloses Handeln, ihre Halter sind nun an eine Haltebewilligung gebunden. Im Tierheim Pfötli werden bald unzählige Staffordshire Terrier und Pitbulls abgegeben. Einerseits scheuen ihre Besitzer die kosten- und zeitintensiven Interventionen, die mit den neuen Bewilligungen einhergehen, andererseits führt auch der Hass der Bevölkerung, der sich gegen diese Hunderassen richtet, zu großem Druck auf die Halter. Viele Tierheime fühlen sich mit dieser Situation alleingelassen und überfordert. Später ziehen andere Kantone mit Verboten und Auflagen zur Haltung mancher Hunderassen nach. Doch im Fall von Morris C. nützt dies wenig, wie die Zeitungen zu berichten wissen. Dreimal darf man raten, was er heute treibt: Er lebt im Ausland und züchtet Hunde.

18. Juli 2007

Viele Umstände können dazu führen, dass Tiere schlecht gehalten werden, ihnen unrecht getan wird, sie unglaubliche Qualen erleiden müssen und zugrunde gehen: Gleichgültigkeit. Verantwortungslosigkeit. Dummheit und Unwissenheit. Mangelnde Finanzen. Geldgier. Falsches Mitleid. Leichtsinn. Faulheit. Unverzeihlich ist für mich die absichtlich zugefügte Grausamkeit aus Sadismus und abgrundtiefer Bösartigkeit. Meine Aufgabe an diesem kühlen Sommertag: den Verantwortlichen einer Tötungsstation Tiere abzuschwatzen, die ich in die Obhut eines Tierheims bringen will, das wir unterstützen. Wie so oft in solchen Fällen ziehe ich ein Kleid an, trage meine langen blonden Haare offen. Was hingegen niemand sieht: Meine Seele trägt einen gepanzerten Schutzanzug. Nicht heulen, keine Emotionen zeigen. Mit einer Tierschützerin, die ich bisher als äußerst sachbezogen erlebt habe, begutachte ich die Anlage. Es herrschen beinahe unbeschreibliche Zustände: Viele Gitterkäfige sind übereinandergestapelt, die obersten Tiere urinieren auf die Köpfe derjenigen, die unter ihnen auf den Tod warten. Es ist unglaublich heiß in diesem Blechverschlag, Wasser haben die Tiere keines, und viele liegen bereits im Sterben, ebenso wie die Welpen, die noch Milch bräuchten und noch nicht selber fressen können.

Wir beißen die Zähne zusammen. Ich bin sicher, dass uns die beiden Verantwortlichen die Tiere niemals freiwillig aushändigen. Die Umstände in dieser Station machen auch klar: Sie haben Freude am Leid der Tiere. Hier hilft nur eins – ihre Dummheit und ihren Stolz ausnutzen. Ich schmeichle den beiden, indem ich die Station lobe wie auch ihren Arbeitseifer, von dem die vielen Tiere zeugen. Ich mime weibliche Bewunderung vor dem Chef, der mir bereits zusichert, dass wir einige Tiere mitnehmen dürfen.

Doch dann passiert es: Beim Anblick eines toten Hundes in seinem Gehege, der allem Anschein nach auch misshandelt worden ist – eine feine Urinspur zeigt, dass er noch vor kurzem gelebt hat –, bricht meine Kollegin in Tränen aus. Ich weiß instinktiv, dass es gefährlich wird, doch meine Versuche, dem grobschlächtigen Aufseher zu schmeicheln und ihm das Gefühl zu vermitteln, was für ein toller Typ er doch sei, bringen jetzt nichts mehr. Er hat uns durchschaut: Schlagartig wird ihm klar, dass wir hier sind, um Hunde rauszuholen. Die Tränen meiner Kollegin verraten unsere wahren Gefühle, und sie haben unvorstellbare Konsequenzen. In Tötungsstationen arbeiten normalerweise keine moralisch integren Menschen, sondern Individuen am Rand der Gesellschaft. Wenn sie zum ersten Mal in ihrem kläglichen Dasein ein wenig Macht erhalten, werden sie diese fast mit Sicherheit grausam missbrauchen. So auch in diesem Fall. Die Bestrafung, die nun folgt, gilt vor allem meiner Kollegin und mir. Es bricht mir das Herz, als er vor unseren Augen zwei Hunde derart misshandelt, dass sie mehr tot als lebendig in ihre Käfige zurückkriechen, doch wir müssen hilflos zusehen. Hass breitet sich in mir aus, abgrundtiefer Hass, der, wäre er häufig, das Weitermachen deutlich erschweren würde.

30. September 2007

Doch Aufgeben ist in meiner Genetik nicht verankert. Ich halte auch unter extremsten Bedingungen an meinen Zielen fest. Ich verspüre nie einen Fluchtreflex, selbst in den grausamsten Situationen nicht. Wut und Entsetzen sind keine lähmenden Kräfte für mich, sondern – das war schon immer so – ein Treibstoff, um weiterzumachen, bis alles erledigt ist, was getan werden muss. Das ist gut so, allerdings nicht immer. Es fällt mir offenbar schwer, loszulassen. Verpasse ich manchmal den Moment, die Sinnlosigkeit einer Sache einzusehen? Hat das Festhalten an Projekten, die sich mit der Zeit als hoffnungslos erweisen, vielleicht Auswirkungen und verunmöglicht, dass anderen Tieren geholfen werden kann? Ist die Einsicht, dass eine Arbeit trotz aller Bemühungen keinen Erfolg haben wird, vielleicht sogar mutiger, weil damit ein Entschluss verbunden ist, der mir schwerer fällt als alles andere: aufzugeben nämlich? Wenn nur einige Tiere gerettet werden, ist der Sinn der Sache erfüllt, könnte man sagen. Doch das wäre zu kurz gedacht, denn es ist unser Anspruch und auch eine Verpflichtung, möglichst vielen Tieren ein lebenswertes Dasein zu ermöglichen. Aus diesem Grund sind wir, wie bereits erwähnt, auf die langfristige Zusammenarbeit mit jenen angewiesen, welche die angeregten Veränderungen in Pflege und Versorgung zuverlässig, selbständig und nachhaltig umsetzen.

Das geschieht nicht immer, und so muss ich lernen, von Projekten wieder Abstand zu nehmen, die unseren Kriterien nach Monaten und Jahren der Sisyphusarbeit noch immer nicht entsprechen. Wenn keine Fortschritte sichtbar sind und die Haltung der Tiere sich nicht verbessert, müssen wir irgendwann einen Schlussstrich ziehen. Es sind Entscheidungen, die mir unglaublich schwerfallen. Doch sie müssen gefällt werden, und insbesondere bei Auslandprojekten wird dies in den folgenden Jahren hin und wieder der Fall sein. Ich rechne mir die Erfolgschancen eines Engagements niemals im Vorfeld aus, das verbiete ich mir bewusst. Auch wenn die Umstände desolat sind, wir es anfänglich mit unmöglichen Zeitgenossen zu tun haben, halte ich an meinem wichtigsten Grundsatz fest, den Albert Schweitzer einst formuliert hat: »Was denkbar ist, ist auch machbar.« Hundertmal liege ich mit dieser Einstellung richtig und staune oft über den Wandel, den Menschen vollziehen können. Doch auch der Rückzug ist eine Form der Verantwortung, die ich – schweren Herzens – auf mich nehmen muss. In Kroatien war dies der Fall, in Italien, aber auch in der Schweiz kam es zu Rückschlägen. Es bleiben glücklicherweise Ausnahmen.

11. Juni 2008

In unzähligen Ferienorten im Ausland erfreuen explosionsartig sich vermehrende Hunde und Katzen die Touristen. Es gibt sogar verantwortungslose Hotelunternehmer, die explizit Katzen in ihren Anlagen akzeptieren, um tierliebende Gäste mit und ohne Kinder anzulocken, die die Tiere großzügig füttern. Was mit den streunenden Vierbeinern geschieht, überlegen sich jene, die zwei Wochen später in ihren Alltag zurückkehren, eher selten. In der Nebensaison säumen dann verendete Hunde, von denen man nicht weiß, unter welchen Umständen sie zu Tode gekommen sind, die Strände, an denen wenige Wochen zuvor Heerscharen von Menschen den Sommer genossen haben. Wenn sich die Straßencafés langsam leeren, dann enden auch die Freundschaften zwischen Tieren und Gästen abrupt.

Am Beispiel von Mallorca lässt sich die Tragödie gut schildern. Natürlich ist die enorme Zahl von heimatlosen Tieren auch für die staatlichen Tierheime auf der Insel eine nicht zu bewältigende Last. Dass diese Lebewesen keine Zukunft haben, weiß ein mir bekannter deutscher Tierarzt, der seit sechs Jahren auf Mallorca praktiziert. Tausende von wilden Katzen würden nach Ferienende jeweils von offiziellen Stellen eingefangen. Natürlich fänden sich keine Halter, deshalb müssten die Tiere eingeschläfert werden. In anderen Fällen schritten die Angestellten der belagerten Hotels selbst zur Tat, und im Winter verschwänden Katzen in großer Anzahl auf Nimmerwiedersehen. Dabei wäre die Lösung des Problems einfach: Die Katze, die man zur Ferienzeit ins Herz schließt, sollte man zum Tierarzt bringen und kastrieren lassen. Auch die Fütterungsaktionen wären danach wieder möglich, denn Tausende von ungewollten Jungtieren blieben ungeboren. Wem dieser Aufwand zu groß ist, der müsste zumindest konsequent auf die Fütterung verzichten.

Unwissenheit lasse ich als Entschuldigung nicht gelten: Die tierischen Massentötungsaktionen an Touristenorten jeweils nach der Sommersaison sind mittlerweile wohlbekannt. Solange die eigenen Beweggründe der Tierliebe nicht kritisch hinterfragt werden, wird sich an dem Missstand nichts ändern: Rund die Hälfe aller Tierschutzfälle, mit denen wir es in unserem Alltag zu tun haben, werden von Menschen verursacht, die sich selber als mitfühlende Tierfreunde bezeichnen.

23. Juni 2008

Auch in der Schweiz finanziert die SUST Katzenkastrationsaktionen. Gemeinsam mit vielen anderen Tierschutzorganisationen kämpfen wir dafür, dass die Menschen den Sinn dieser Maßnahmen einsehen. In ländlichen Gegenden leben auch in unserem Land Zehntausende von Katzen, die sich oft in verwildernden Kolonien tummeln. In landwirtschaftlichen Betrieben, in Schrebergärten, aber oft auch in privater Haltung wird geduldet, dass sich die Vierbeiner mindestens zweimal pro Jahr vermehren. Noch immer halten viele Menschen diesen Unsinn für den Lauf der Natur, wie mir immer wieder dargelegt wird. Dieser wird allerdings brutal torpediert, indem neugeborene Kätzchen tausendfach getötet werden, das heißt, man ersäuft sie oder prügelt sie zu Tode, ohne dass diese verbotenen Praktiken Konsequenzen hätten. Andere argumentieren, es sei kein Problem, junge Katzen zu platzieren. Wer das behauptet, hat entweder keine Ahnung, oder ihm ist die Zukunft der Tiere egal. Massiv überfüllte Tierheime und unzählige Katzen, die später wieder ausgesetzt werden, sprechen auch in unserem Land eine andere Sprache.

Meine Lara ist nur die Spitze des Eisberges. Als die hochträchtige und entkräftete Katze laut klagend auf mein Auto zuläuft, wird schnell klar, dass sie hofft, ihre ehemaligen Besitzer seien zurückgekehrt. Als sie realisiert, dass sie mich nicht kennt, flüchtet sie. Sie lässt sich nicht anfassen, ist verzweifelt, abgemagert und hungrig. Ihr riesiger Bauch zeigt mir, dass sich Nachwuchs ankündigt. Ich frage auf den Bauernhöfen in der Umgebung nach, ob jemand die Katze kennt, und fange sie dann mit einer Katzenfalle ein. Weil alle Tierheime im Umkreis von vielen Kilometern hoffnungslos überfüllt sind, nehme ich die Kätzin in meine Obhut. Verwildert und menschenscheu, gewöhnt sie sich nur langsam an ihr neues Zuhause. Erst nachdem sie sechs Junge geboren hat, erkennt sie die Vorteile eines eigenen großen Zimmers mit artgerechter Einrichtung, Futter- und Reinigungsservice. Nach einigen Wochen kann ich sie zum ersten Mal berühren, und bald ist sie ein anhänglicher und dankbarer Schatz, der sich entscheidet, für immer bei mir zu bleiben. Lara und ihr Nachwuchs hatten ein Glück, das Tausende andere Tiere nicht haben.

31. Oktober 2008

Der Tatbestand der Tierquälerei ist in der Schweiz genau definiert: Dieser ist unter anderem erfüllt, wenn Haustiere, aber auch Nutztiere vernachlässigt, unnötig überanstrengt oder in ihrer Würde missachtet werden. Kämpfe zwischen Tieren sind ebenso verboten wie ihre mutwillige Tötung. Ein Straftatbestand ist auch das Zufügen von Schmerzen, Leid und Angst sowie das Aussetzen. Quälerei ist es unter anderem zudem, wenn Tiere mit Steinschleudern, Luftpistolen und Schrotgewehren verletzt werden, man sie hungern und dursten lässt, bei Kälte aussperrt oder in der Hitze geschlossener Räume zurücklasst.

Ich kann aus einer langen Liste von traurigen Beispielen zitieren, mit denen mein Team und ich im Verlauf von vielen Jahren konfrontiert worden sind. Strafbar ist es, wenn man Tiere aus dem fahrenden Auto oder über den hohen Zaun eines Tierheims wirft, sie im Kehricht entsorgt, lange Zeit anbindet, schlägt, verletzt liegen lässt, ihnen keine Beschäftigungs- und Auslaufmöglichkeiten bietet, ihre hygienischen Bedürfnisse missachtet, sie seelisch quält. Zu den mutwilligen Tötungen gehören auch Horrortaten, die in einem Land wie der Schweiz nur schwer vorstellbar sind, doch auch in diesem Bereich haben wir schon fast alles gesehen und erlebt: Das Töten von Tieren aus Rache – weil man mit den Nachbarn zerstritten ist oder dem Expartner Schaden zufügen will – ist nicht erlaubt, genauso wenig wie das Auslegen von Giftködern, das absichtliche Anfahren und Überfahren sowie das Verhungern- und Verdurstenlassen von Tieren.

Immer wieder erhalten wir Anfragen besorgter Frauen und Männer: Soll man einen Halter, der seine Katze auch im Winter tagelang auf den Balkon sperrt, anzeigen? Leidet eine Kuh, die tagelang in ihren eigenen Exkrementen stehen muss? Kann man einen Autofahrer, der das angefahrene Tier verletzt zurücklässt, zur Verantwortung ziehen? In der Schweiz geschehen täglich Tierquälereien und andere Verstöße gegen das Tierschutzgesetz, ohne dass die Täter zur Rechenschaft gezogen werden. Dies nicht etwa, weil unser Tierschutzgesetz nicht greifen würde, sondern vielmehr, weil die zuständigen Behörden von solchen Fällen häufig gar nicht erst erfahren. Dabei ist gerade die Mithilfe von Passanten und Nachbarn überaus wichtig, denn sie sind es, die meist zufällig einen Missstand beobachten. Doch wie geht man vor? Die meisten Menschen können zwar gefühlsmäßig einschätzen, ob einem Tier ein Unrecht getan wird, wissen aber oft nicht, in welchen Fällen sie den Tieren zu ihrem Recht verhelfen können. Der wichtigste Ratschlag: den Sachverhalt schriftlich festhalten, möglichst viele Angaben machen, wenn möglich Fotos oder Videos erstellen und Meldung an die zuständigen Behörden – also an die Polizei oder das zuständige Veterinäramt – weiterleiten.

10. Februar 2009

In der Schweiz sind die Rechte der Tiere seit meinen Jugendjahren erweitert worden, und auch die Qualität der Infrastruktur ist heute in vielen Schweizer Tierheimen hoch. Dennoch hängt das Wohl der Schützlinge auch bei uns vom individuellen Wissen, von der Zuneigung und dem Charakter der Menschen ab, in deren Obhut sich die

Tiere befinden. Nicht nur die Tierschützer in Rumänien, Ägypten oder Spanien, sondern auch diejenigen in der Schweiz haben nach wie vor einen relativ großen Handlungsspielraum, was die Haltung, Pflege und Betreuung angeht. Meiner Erfahrung nach gilt: Je intensiver man sich für die Tiere interessiert, desto besser werden sie gehalten. Im Wissen, dass Fachkenntnisse und überlegtes Handeln für langfristige Resultate im Tierschutz ausschlaggebend sind, bieten wir Weiterbildungen zu verschiedenen Tierschutzthemen an. Fachleute aus Tierheimen und Tierschutzorganisationen, mit denen wir seit vielen Jahren zusammenarbeiten, genauso wie Tierschutzhelferinnen frischen ihr Fachwissen an den Kursen der SUST-Akademie auf. Aber auch interessierte Privatpersonen sind in den Hörsälen willkommen. Sie bezahlen den vollen Eintritt und ermöglichen uns dadurch die Unterstützung eines Projektes.

22. Mai 2009

Wir sind schon seit vielen Jahren in Ungarn tätig, haben unzählige Projekte initiiert und begleitet und arbeiten eng mit qualifizierten Tierschutzorganisationen vor Ort zusammen. Viele Erneuerungen wären ohne unsere ungarischen Mitstreiter, mit denen wir jahrelange Überzeugungsarbeit bei den behördlichen Vertretern leisten, unmöglich gewesen. Die gemeinsame Arbeit trägt dazu bei, dass nun auch Teile der Bevölkerung in Tierschutzfragen sensibilisiert sind. Ein wichtiger Punkt, denn von den Veränderungen im Bewusstsein der Menschen hängt ab, ob es den nächsten Tiergenerationen besser gehen wird. In Ungarn ist dieser Prozess noch lange nicht abgeschlossen, aber zumindest teilweise gelungen.

Jahre später wird mir die Ehefrau des Schweizer Botschafters in Budapest den ungarischen »Animal Ambassador Award« überreichen, und obwohl ich auch in der Schweiz und in anderen Ländern bereits zu verschiedenen Ehrungen im Rahmen der Tierschutzarbeit gekommen bin, bedeutet mir diese Auszeichnung besonders viel. Sie ist für mich ein Symbol dafür, dass weitreichende Veränderungen möglich sind, und zwar auch in Ländern, in denen der Schutz der Tiere bis vor wenigen Jahren noch mehrheitlich in den Kinderschuhen steckte. Doch Rückschläge bleiben nicht aus, wie ich immer wieder erleben muss.

25. August 2010

Ich versuche mich stets auf unsere einzelnen Projekte und Ziele zu konzentrieren, im Wissen darum, dass mein eigener Schmerz niemandem nützt. Dennoch ist diese Strategie nicht immer umsetzbar. Einzelschicksale, mit denen man sich im Detail befassen muss, verletzte und gequälte Tiere mit langen Leidensgeschichten verursachen einen Schmerz, dem man nicht entkommen kann, und manches, das ich erlebe, brennt sich für immer in meiner Seele ein. Trauer ist in diesem Beruf immer wieder ein Thema. Gewisse Bilder lassen sich nicht auslöschen, ich will sie auch gar nicht vergessen.

Nun versetzt mich ein Umstand erneut in jene Anfangsjahre zurück, als wir in Ungarn unglaubliches Leiden von Tieren erlebt haben. Dass dieser Rückschlag mit einem Missstand verbunden ist, den ausgerechnet Menschen aus reichen Ländern verursachen, schockiert mich. Das Konsumverhalten jener, die sich problemlos den Kauf eines reinrassigen Tieres im eigenen Land leisten könnten, jedoch selbst bei einem Lebewesen auf Schnäppchenjagd gehen, ist schuld daran, dass wir bei unseren Einsätzen in Osteuropa immer häufiger auf illegale Zuchtstationen stoßen. Stumpf dahinvegetierende Hundemütter, die als Gebärmaschinen missbraucht werden, sterben meist in jungen Jahren an den Folgen dieser Ausbeutung oder beenden ihr Leben – wenn sie keine großen Würfe mehr liefern können – als Trainingsobjekte für Hundekämpfe. Kleinere Rassen werden in Käfigen gehalten, einmal entdecken wir gar eine ursprünglich zur grausamen Haltung von Hühnern genutzte Legebatterie, die nun der Zucht von Chihuahuas dient. Solche Bedingungen überleben auch die Welpen oft nicht, den Rest der Ausbeute führen die kriminellen Produzenten dann dem Massenhandel zu, der meist per Internet stattfindet.

Eine Hundezuchtstation müsse geräumt, sämtliche noch lebenden Tiere beschlagnahmt werden. So lautet der Auftrag, den die ungarische Tierschutzorganisation Rex in Budapest erhalten hat, die uns zu diesem Fall beizieht. Als wir die Anlage betreten, stockt uns der Atem. An kurzen Ketten, die an Baumstrünken in einem ungeschützten Waldstück festgeschraubt sind, haben die Hunde Tausende von Runden gezogen. Dabei sind metertiefe Furchen und Gräben entstanden, die sich bei Regen mit Wasser füllen. Hündinnen verloren ihren Nachwuchs, weil sich die Welpen nicht aus diesen Vertiefungen retten konnten und kläglich ertranken. Es ist kaum auszudenken, wie viele Tiere hier im Laufe der Zeit gestorben sind. Die Qualen, die sie jahrelang erdulden mussten, sind förmlich spürbar, aber auch sichtbar. Die ungarischen Tierschützer bringen die überlebenden Tiere in ihre Obhut, wobei das Ausmaß der Katastrophe erst deutlich wird. Eine entkräftete Hündin stirbt wenige Minuten nach der Bergung, acht Tiere müssen von ihren Leiden erlöst und eingeschläfert werden. Eine Tierärztin versucht, ein Hündchen durch eine Notoperation zu retten. Vergeblich, denn in seinem Magen befindet sich über ein Kilogramm Schrauben und metallische Gegenstände, die das hungernde Tier in seiner Not gefressen hat.

Die ungarischen Medien zeigen sich interessiert an der Mithilfe der Schweizer Organisation, und ich gebe eine Beurteilung der Situation im Fernsehen ab: Während ich auf dem Areal der Zucht stehend in die Kamera spreche, zucken das ungarische TV-Team und ich immer wieder zusammen, da wir von Hunderten von Flöhen gebissen werden. Später berate ich mich mit dem Tierarzt und Tierschützer Péter Király, der diesen Fall zusammen mit der Tierschutzorganisation Rex und anderen ungarischen Tierschutzorganisationen ins Rollen gebracht hat. Gemeinsam sprechen wir bei einer Vertreterin des Umweltministeriums vor, um die aktuelle Situation zu thematisieren und Lösungsansätze zu besprechen, die ein Verbot und strengere Kontrollen solcher Zuchten betreffen könnten. Ich werde dabei – zu Recht – mit kritischen Fragen zum Konsumverhalten reicher Menschen konfrontiert. Ich schäme mich.

Wie immer gilt es nach den Einsätzen auch eine Fotoauswahl zu treffen, diese mit schriftlichen Erklärungen zu versehen und sofort online zu stellen. In Ungarn verfasse ich zusammen mit Péter, meinem engsten Mitstreiter im Land, die Zeugenaussage und beschreibe die Zustände der Welpenfarm akribisch, damit dieser Fall von den zuständigen Behörden offiziell behandelt werden kann. Ob dies Konsequenzen haben wird, steht trotz all unserer Bemühungen in den Sternen, und Hoffnungslosigkeit ob der Gleichgültigkeit und Respektlosigkeit mancher Menschen ergreift mich. Die Hintergründe der Welpenproduktion? Uninteressant. Das Leiden der Tiere? Unwichtig. Man kauft, weil es billig ist. Weil die überlebenden Hundebabys süß aussehen. Weil man ihnen das Martyrium nicht ansieht, weil man die Qualen ihrer Mütter ignorieren kann. Die endlosen Reisen durch ganz Europa müssen die Welpen in Kartonkisten verpackt überstehen, danach landen sie auf Märkten, in ausländischen Zoohandlungen oder werden aus dem Kofferraum heraus auf einem Parkplatz angeboten. Da winzige Exemplare die Herzen offenbar besonders schnell schmelzen lassen, bieten die Händler die Tiere möglichst jung und mit anrührenden Bildern versehen auch im Internet und in Zeitschriften an. Hauptsächlich verantwortlich für die Qualen der Muttertiere und die Leiden der Welpen sind die Käufer, sie animieren diesen gnadenlosen Handel. Gleichzeitig unterstützen sie so auch mafiöse Strukturen, die mit dem osteuropäischen Welpenhandel verbunden sind.

Viele Tiere aus solchen Zuchten sind bereits krank, wenn sie zu ihren Besitzern gelangen. Andere zeigen nach einiger Zeit ein auffälliges Verhalten, das den ungünstigen Bedingungen während der ersten wichtigen Lebenswochen geschuldet ist. Laut einer kürzlich durchgeführten Umfrage der deutschen Arbeitsgemeinschaft Welpenhandel hat von dreihundert Besitzern, die sich auf solchen Wegen ein reinrassiges Tier zum Dumpingpreis beschafften, rund die Hälfte angegeben, das Jungtier sei schwer erkrankt, habe in kurzer Zeit extrem hohe Arztkosten verursacht oder gar eingeschläfert werden müssen.

Der unglückliche Trend wird andauern: 2012 werden über zwanzigtausend Hunde aus dem Ausland importiert, das sind beinahe 44 Prozent aller neu registrierten Vierbeiner, wobei die illegal importierten Hunde in diesen Zahlen nicht enthalten sind. Und: Bei den Schweizer Importen handelt es sich hauptsächlich um modische Rassehunde. Auch jene Hundekinder, die ihre Odyssee überstehen und gesundheitlich auf Vordermann gebracht werden können, sind noch nicht über den Berg: Dass das spontan erstandene »Billigprodukt« trotz hübscher Garderobe und zahlreicher

Spielzeuge ein Lebewesen mit eigenen Bedürfnissen ist und sich ganz einfach wie ein Hund benimmt, stellen auch viele Schnäppchenjäger erst fest, wenn das Tier bereits in ihrer Verantwortung ist. In vielen Fällen landen solche Lebewesen – die wenig gekostet haben und offenbar aus diesem Grund wertlos sind – im Tierheim.

Das Appellieren an das Verantwortungsgefühl der Käufer bleibt sinnlos, wie das Produktionsvolumen illegaler Zuchthunde zeigt: Es wird in Europa noch immer auf einige hunderttausend Welpen pro Jahr geschätzt. Auch viele andere Tierschutzorganisationen fordern nun eine europaweite Registrierungspflicht. Sind die Hunde mit einem Chip ausgestattet, können Herkunft und Impfstatus gespeichert werden, was die Kontrolle der Zuchtbedingungen und das Vorgehen gegen kriminelle Machenschaften vereinfacht. Erst im Jahr 2013 wird dann der sogenannte Haustierhandel in der Schweiz endlich gesetzlich verboten, und es ist nicht mehr erlaubt, Hunde aus dem Kofferraum heraus oder in ähnlicher Art und Weise an Passanten zu verkaufen. Übrig bleiben diejenigen Händler, die ihre Massenzuchtwelpen legal über die Schweizer Grenze bringen, also die entsprechenden Papiere vorweisen können. Ihr Umgang mit den Hunden ist genauso grausam, kann rechtlich aber nicht mehr geahndet werden. So liegt es weiter in der Verantwortung der Käufer, wie sie bei der Auswahl vorgehen und wie viel Leiden von Tieren sie in Kauf nehmen wollen, um von einer Preisreduktion zu profitieren, die ein Lebewesen betrifft.

5. September 2010

»Kennen Sie Brad Pitt?«, frage ich die Zuhörerinnen und fahre in meinem Vortrag fort: »Der sieht toll aus, es könnte aber sein, dass Sie nicht mit ihm zusammenleben könnten. Vielleicht hat er schlechte Eigenschaften, vielleicht ist er ein Nörgler. Vielleicht ist er zwar perfekt, aber es würde trotzdem nicht funken.« Was bei einem Menschen sonnenklar ist, ist bei der Anschaffung eines Tieres ganz anders. Immer öfter wird dieses aufgrund eines Bildes und per Mausklick bestellt. Dass diese Art der Wahl problematisch ist, erleben mein Team und ich häufig: Tagtäglich befassen wir uns mit Schicksalen von Hunden, die nicht erfüllen, was sich ihre neuen Besitzer versprechen. Hunde, die nicht in endloser Dankbarkeit über ihre Rettung genau das machen, was die Halter voraussetzen. Hunde, die in Panik fliehen, wenn sie zum ersten Mal einen Lastwagen sehen, oder nichts vom Bachblüten-Beruhigungsspray wissen wollen. Hunde, die knurren, wenn sie verunsichert sind über eine ihnen unbekannte Situation, gestresst reagieren. Die Liste lässt sich beliebig weiterführen. Diese und andere Gründe führen dazu, dass die bestellte Ware kurz nach der Lieferung wieder wegmuss.

In letzter Zeit sind wir mit Hunderten solcher Fälle konfrontiert. Für viele dieser Tiere endet die Auslieferung in die Schweiz tödlich: Sie werden euthanasiert, weil sie krank, nicht stubenrein oder angeblich bösartig oder verhaltensgestört sind. Andere werden von einem Platz zum nächsten weitergereicht oder landen in einem Tierheim. Dieser Missstand wird in den Schweizer Medien nicht oder nur selten thematisiert, und doch kenne ich keinen Tierarzt, der mir nicht auf Anhieb mehrere solch tödlich endender Geschichten aus seiner Praxis erzählen kann. Dass der Internethandel mit Hunden boomt, ist den sozialen Medien, findigen Geschäftsleuten und leichtsinnigen Menschen anzulasten. Das Bild eines ausgehungerten Straßenhundes, der mit traurigen Augen in die Kamera blickt, stößt im Internet auf ein riesiges Echo. Spenden kommen im Nu zusammen, und oft melden sich Dutzende von Männern und Frauen, die den Vierbeiner aufnehmen wollen. Vor allem wenn zusätzlich emotionale Erpressung im Spiel ist, die eine baldige Tötung der Tiere in Aussicht stellt, sollten sich keine neuen Eigentümer finden lassen. Auch spontane Tiersammlungen von Privatpersonen im Ausland verbreiten sich wie ein Lauffeuer im Netz. Immer öfter gelangen Anfragen an mich, bei denen fünfhundert oder tausend Tiere untergebracht werden wollen. Wenn unsere Antwort negativ ausfällt, schlägt die Verzweiflung der Wohltäter schnell in Wut und Hass um, und wir werden übel beschimpft.

Zurück zu jenen, die ein Tier via Internet kaufen: Sie tun dies oft mit falschen Erwartungen, denn vielen von ihnen fehlt es an Wissen, Geduld und auch Interesse, die das angeschaffte Lebewesen aufgrund seiner meist schwierigen Vergangenheit benötigt, damit Mensch und Tier zu einem Team heranwachsen können. Ich sage nicht, dass ein rumänischer oder ein ungarischer Hund nicht vermittelt werden und keine glückliche Hund-Mensch-Beziehung entstehen kann, sondern: Wer eine solche Entscheidung verantwortungsbewusst trifft, setzt sich mit einer seriösen Organisation in Verbindung und handelt nicht auf eigene Faust.

Weil ich meine Meinung zu diesem und anderen Themen offen äußere, werde ich von selbst ernannten Tierfreunden oft angefeindet. Unter anderem wird mir die Tierliebe abgesprochen, und man behauptet auch, ich würde Hunde aus dem Ausland ablehnen. Dies ist ein ebenso absurder wie dummer Vorwurf, das Gegenteil ist der Fall. Ich bin der Meinung, dass Tiere aus dem Ausland genauso schützenswert sind wie alle anderen und aus diesem Grund eine gute Haltung verdienen. Sie verdienen es auch, dass man sie im Vorfeld persönlich kennen lernt und sich voll und ganz, das heißt mit allen Konsequenzen, für sie entscheidet.

10. Oktober 2010

Die drei ungarischen Ortschaften Kolontár, Devecser und Somlóvásárhely sind durch eine verheerende Chemiekatastrophe in Mitleidenschaft gezogen worden. Rotschlamm, ein giftiges Abfallprodukt, das bei der Gewinnung von Aluminiumoxid anfällt, überspült nach dem Bruch eines riesigen Deponiebeckens rund vierzig Quadratkilometer Land. Zehn Menschen sterben, unzählige werden schwer verletzt. Als die Helfer eintreffen, ist bereits der Notstand über die Region verhängt. Die größte Sorge gilt dem Dorf Kolontár, das verwüstet zu werden droht, sollte der zweite Damm des Beckens brechen. Als die Menschen evakuiert und medizinisch versorgt sind, gilt die Sorge verschiedener ungarischer Tierschutzorganisationen dem großen Tiersterben, das in der ländlichen Region befürchtet wird. Tausenden von Wildtieren fehlt es an Nahrung und Wasser, unzählige Haustiere, die mit Rotschlamm in Berührung gekommen sind, zeigen furchtbare Verätzungen. Ich kenne die Koordinatoren und Mitarbeitenden der groß angelegten Rettungsaktion aufgrund verschiedener Einsätze in Ungarn gut. Sie berichten von einem Hund, der in einen Kinderwagen gesprungen ist und dort drei Tage lang ausgeharrt hat. Andere Tiere sind angekettet und können sich nicht retten. Die Suche nach überlebenden Tieren gestalte sich schwierig, die Häuser seien allesamt verlassen, teilt man uns mit.

Die in Sicherheit gebrachten Wild- und Haustiere werden einzeln gesäubert. Grauenhafte Verätzungen an den Beinen, Bäuchen und Geschlechtsorganen, aber auch angegriffene Schleimhäute und Bronchialprobleme müssen sofort behandelt werden. Bereits sind Unmengen von Infusionen, Medikamenten und anderem Material verbraucht worden, lässt mich mein ungarischer Tierschutzfreund wissen, der sich über die Zustände im Krisengebiet fassungslos äußert. Es schmerzt mich, den erfahrenen und sonst sehr gefassten Tierarzt so aufgelöst zu sehen: »Ich habe noch nie solches Leid gesehen«, schluchzt er erschöpft am Telefon. Bereits seit Tagen sind die Tierschützer unterwegs, sie schlafen kaum. Es mangelt weiterhin an allem: Futter, Transportboxen, Käfigen, Erste-Hilfe-Material, Decken, Näpfen und vielem mehr, was es für die Unterbringung der überlebenden Tiere braucht. Da wir in Notfällen unbürokratisch Hilfe leisten können, schickt die Stiftung sofort große Mengen an benötigtem Material in die Region. Nach Beendigung des Einsatzes können Hunderte von Tieren, darunter Schweine, Hühner, Katzen und Hunde, gerettet werden.

4. Mai 2011

Zum wiederholten Mal steht ein Auslandeinsatz bevor. Egal, in welches Land wir reisen, vor Ort müssen wir die Zeit optimal nutzen und unsere Kräfte effizient einsetzen. Längst gehören erfahrene

Tierärztinnen, ausgebildete Pfleger und tiermedizinische Praxisassistentinnen zum Team, aber auch über hundert freiwillige Helferinnen und Helfer. Ihnen allen haben die Tierschutzarbeit und unsere Stiftung viel zu verdanken: Sie schuften, sie leiden, und sie geben alles, damit Verbesserungen erreicht werden können. Ihre Rekrutierung geschieht sorgfältig. Die Männer und Frauen, die sich bei uns melden, kommen zuerst im Rahmen von Arbeitstagen in der Schweiz zum Zug. Schnell wird ersichtlich, wo die jeweiligen Stärken und Schwächen liegen. Wer nach zehn Minuten Dreckschaufeln in den Seilen liegt, hat keine Chance. Wer nicht teamfähig ist und die anfallenden Arbeiten nicht sieht, eignet sich auch nicht. Das mag hart klingen, doch alles andere hilft den Tieren nichts beziehungsweise bringt das Projekt vor Ort in Verzug und treibt die Einsatzleiter zur Verzweiflung. Physische und psychische Stärke sind erforderlich, um einen Auslandeinsatz durchzustehen. Hitze, Schmutz, tierisches Leid, extreme Gerüche, ohrenbetäubender Lärm und anstrengende körperliche Arbeit setzen allen zu. Aber auch das Zusammensein in der Gruppe und Tätigkeiten, die unter Druck ausgeführt werden müssen, sorgen für Belastungen, die Sand im Getriebe bedeuten können.

Im Idealfall funktionieren bis zu zehnköpfige Gruppen wie ein großes Uhrwerk mit unzähligen Rädchen, die tadellos miteinander verzahnt sind. Damit dies gewährleistet ist, bieten wir interne Weiterbildungen an. Nach der Auswahl führen wir mit unseren Teams zudem Briefings in der Stiftung in Kollbrunn durch. Einzelne Arbeitsabläufe müssen besprochen oder bereits im Vorfeld thematisiert werden. Der Impfstatus der einzelnen Einsatzteilnehmer spielt eine wichtige Rolle, es gibt Informationen zur persönlichen Packliste, und es wird ausgemacht, wer welche Zusatzaufgaben übernimmt, wer welches Material transportiert. Zudem werden die Teilnehmer mit Filmen und Bildern auf die fremden

Begebenheiten vor Ort vorbereitet. Wir konfrontieren sie mit überraschenden Situationen, die eintreten können: Was tun, wenn man mit Missständen konfrontiert wird, die man glaubt, sofort ändern zu können? Was tun, wenn ein süßer Welpe auf einen zutorkelt und nicht mehr von der Seite weichen will, und was, wenn dies täglich fünfzig Welpen tun? Wie sich emotional ein wenig vor dem Leid der Tiere schützen?

Solche und ähnliche Fragen müssen besprochen werden, da sie von den eigentlichen Aufgaben ablenken. Auch Fragen nach dem Sinn unserer Arbeit stellen sich bei solchen Schulungen, die mich natürlich ebenfalls beschäftigen. So versorge ich zum Beispiel zwei Monate später während einer Kastrationsaktion in Rumänien einen ausgemergelten Vierbeiner, pflege seine Wunden, befreie ihn von Zecken und lasse mich von seinen hungrigen Flöhen anspringen. Das Leiden der Hunde hier ist unvorstellbar: Schätzungsweise zwei Millionen leben auf den Straßen. Die Problematik wird durch einheimische Hundehalter provoziert, die ihre Tiere nicht kastrieren lassen. Es ist an der Tagesordnung, Welpen zu entsorgen, indem man sie aussetzt, ersäuft oder in den Müllcontainer wirft. Der Anblick kläglich sterbender Tiere ist furchtbar, und doch bestätigt er mir auch: Unsere Arbeit, zu der viele Kastrationsaktionen gehören, macht Sinn. Jedem Hündchen, das unter diesen Umständen nicht geboren wird, werden derartige Qualen erspart, wie wir sie bei unseren Einsätzen tagtäglich sehen.

Nebst den umfassenden Vorbereitungsarbeiten, die wir in der Schweiz zu den Begebenheiten vor Ort durchführen, klären unsere Mitarbeiterinnen in Ungarn, Rumänien und Spanien entsprechende Anfragen zu Tierheimen oder Tierschutzprojekten ab. Sie besuchen die Institutionen, analysieren die Situation. Auch in weiteren Ländern, in denen wir aktiv sind, können wir auf zuverlässige Kontakte zählen, die uns wichtige Informationen liefern.

Grundsätzlich schicken wir kein Geld ins Ausland. Zu groß ist das Risiko, dass es für andere Zwecke eingesetzt wird als für das versprochene Ziel. Soforthilfe leisten wir natürlich häufig – die Tiere sollen nicht vor unseren Augen verhungern –, und doch bezwecken wir mittelfristig mehr. Die einzelnen Projekte dürfen nicht von unserer Stiftung abhängig werden, sie müssen nachhaltig funktionieren. Was wir zu geben haben, ist Material, Futter, Arbeitsleistung, Wissen und den Willen, diese Projekte unter Umständen jahrelang zu begleiten. Aber unser Grundsatz, Hilfe zur Selbsthilfe leisten zu wollen, gilt auch hier. Und so erklären wir unseren Projektpartnern immer wieder, dass unsere Unterstützung nicht gratis ist, sondern etwas kostet: Die Währung, in der wir bezahlt werden wollen, heißt Tierschutz. Der Partner trägt also ebenfalls zum Fortschritt bei, ändert die Tierhaltung, die Arbeitsabläufe oder das Platzierungsvorgehen.

8. Juli 2011

Wie bereits erwähnt: In Rumänien existieren Hunderttausende von verwilderten Katzen, vor allem aber rund zwei Millionen Straßenhunde. Es gibt verschiedene Kategorien, und nicht alle Hunde müssen zwangsläufig eingefangen und in Tierheime verfrachtet werden. Verwilderte Rudel fernab menschlicher Siedlungen stören kaum jemanden: Die Tiere sind menschenscheu, leben zurückgezogen und beinahe unbemerkt – hier sind vor allem Kastrationen wichtig. Die zweite Kategorie lebt tatsächlich auf der Straße: in Dörfern und Städten. Manchen geht es besser, anderen schlechter. Viele werden hin und wieder gefüttert, von Menschen, die tolerieren, dass sie sich in der Nähe ihrer Geschäfte oder ihrer Wohnungen aufhalten. In die dritte Kategorie fallen frisch ausgesetzte Tiere, deren Anblick mir jeweils beinahe das Herz bricht. Verwirrt und einsam stehen sie auf der Straße, wissen nicht, wo sie sind, wohin sie sollen und wie sie ohne Menschen überleben können. Wenn sie von ihrem Halter misshandelt worden sind, brauchen wir lange, um ihr Vertrauen zu gewinnen. Meist werden sie von den Mitgliedern jener Hundegruppen, die bereits im Gebiet leben, verjagt oder sogar schwer verletzt, und so sterben viele von ihnen auf der Straße. Der vierten Kategorie geht es besser: Diese Tiere haben einen Halter, werden gefüttert und verbringen die Nacht sogar oft in einer Wohnung. Tagsüber leben sie draußen, zusammen mit ihren Artgenossen.

Außer den ausgesetzten Tieren kommen die meisten Straßenhunde mit ihrer Situation gut zurecht, allerdings nur, solange sie nicht krank werden, verunfallen oder in die Hände eines Hundefängers oder Tierquälers geraten. Eine Gemeinsamkeit verbindet alle: Sie sind im Normalfall nicht kastriert und sorgen für zahlreichen Nachwuchs. Es ist für mich auch nach vielen Jahren Erfahrung nicht einfach, Hunde auf der Straße zu akzeptieren, aber es gibt schlicht nicht genügend Unterbringungsmöglichkeiten, und es wäre auch keine adäquate Lösung, zwei Millionen Straßenhunde in Tierheime zu pferchen.

Dennoch gibt es natürlich Fälle, in denen wir eingreifen: Oft finden wir am Straßenrand angefahrene Hunde oder vergiftete Katzen. Auch weibliche Tiere, die Geburtsprobleme haben, leiden unglaublich und sind jeweils sichtlich erleichtert, wenn wir sie einpacken und in eine unserer Kliniken bringen. Auch nach so vielen Jahren in der Tierrettung ist es für mich immer noch ein unbeschreibliches Gefühl, ein Leben zu retten: Einen verletzten Hund in den Armen zu halten, dessen rasendes Herz sich langsam beruhigt, weil er spürt, dass wir ihm helfen, ist mehr wert als alles Geld der Welt.

Viele Straßenhunde werden nie auffällig, doch es liegt in der Natur der Sache: Krankheiten und Zehntausende von hungrigen Welpen und Junghunden verschärfen den Überlebenskampf. Das kann negative Auswirkungen auf die Bevölkerung haben. Diese hat zwiespältige Gefühle gegenüber den meist mittelgroßen Mischlingshunden: Manche mögen und füttern sie, andere versuchen sie zu vertreiben oder gar zu töten. Fühlt sich jemand gestört, wird ein Hundefänger aktiv: Er liefert die Tiere in städtischen Tierheimen ab, die – je nach aktueller Gesetzeslage – als Tötungsstationen agieren. Bis die Hunde dort qualvoll und unfachmännisch in großen Gruppen getötet werden, vegetieren sie in überfüllten Zwingern dahin.

Das Thema ist im rumänischen Alltag allgegenwärtig und längst zum Politikum geworden. Darüber, wie das Problem zu lösen ist, herrscht weder bei den Politikern noch in der Bevölkerung Einigkeit und schon gar nicht unter den Tierschützern. Wie in vielen anderen Ländern werden auch in Rumänien die Tiere immer wieder in großer Zahl euthanasiert. In unseren Breitengraden versteht man unter Euthanasie das Töten eines Tieres als medizinische Intervention, wenn der Gesundheitszustand oder die Gefährlichkeit dafür spricht, wobei die Aktion für das Tier ohne Angst und Leiden ablaufen muss. Wichtig ist, dass eine Euthanasie fachgerecht durchgeführt wird, das heißt, ein Tierarzt leitet eine Narkose ein und setzt dann die tödliche Spritze. In vielen ausländischen Tötungsstationen wird beim Töten allerdings die Narkose ausgelassen, was grausame Folgen hat. Man spritzt die Substanz T61 in die Lungen, was eine Muskellähmung bewirkt, das heißt, alle Muskeln – auch das Zwerchfell – werden gelähmt, und die Tiere ersticken bei vollem Bewusstsein qualvoll. Der Einsatz von T61 ist in der Schweiz deshalb ohne vorgängige Narkose verboten, doch in Rumänien und leider auch in anderen Ländern ist diese kostengünstige Tötungsart genauso wie die Vergiftung von Tieren an der Tagesordnung. Solche Massentötungen sind nicht nur lebensverachtend und grausam, sondern auch wirkungslos. Selbst wenn Tausende von Hunden umgebracht werden, vermehren sich die in Freiheit verbliebenen, nicht kastrierten Tiere weiterhin unkontrolliert, weshalb die Zahl der Straßentiere seit Jahren nicht dezimiert wird.

10. Juli 2011

Bei unseren Recherchen in Rumänien stoßen wir im ganzen Land auf überfüllte Tierheime und Tötungsstationen. Im Verlauf vieler Jahre arbeiten wir mit unzähligen Institutionen zusammen, die sich zu anständig geführten Tierheimen entwickeln. Doch der Weg zu solchen Erfolgen ist lang und steinig: Eine Auffangstation liegt in der rumänischen Industriestadt Galati im Ortsteil Badalan. Das Asyl wird von einer einzigen Frau und einigen Helfern geführt. Innerhalb weniger Jahre ist der Bestand auf achthundert Hunde angestiegen, die in einer mehr als baufälligen Anlage leben. Zusammenbrechende Hütten und kaputte Verschläge sind nicht die schlimmsten Probleme, letztlich spielt es keine Rolle, ob ein Tier in einem vergoldeten oder in einem rostigen Käfig zugrunde geht. Angefahrene Hunde, Katzen und andere Tiere, die vor geplanten Vergiftungs- oder Einfangaktionen in Sicherheit gebracht werden, und nicht zuletzt all jene, die ausgesetzt werden und wie durch ein Wunder den Weg vor die Tore des Heims finden und mit flehenden Augen und hungrigen Bäuchen um Einlass betteln: Corina Grigores Leben ist geprägt von den hilfsbedürftigen Tieren der Stadt Galati. Aufgrund ihrer Tierliebe ist sie in diese unerträgliche Situation geraten, die sie nun weitgehend allein meistern muss, da die Menschen in Rumänien kaum für die Tiere spenden können und die Behörden die finanzielle Unterstützung von privaten Tierheimen mehrheitlich verweigern. Ich erkenne in Corina trotz vieler Kämpfe und Meinungsverschiedenheiten, die wir in den kommenden Jahren austragen werden, eine tapfere und mutige Frau, eine Mitstreiterin und Tierschützerin, die den eigenen Stolz überwindet, Versäumnisse und Missstände ehrlich benennt und nicht nur bereit ist, mit uns zusammenzuarbeiten, sondern die notwendigen Veränderungen auch konsequent umsetzt.

Bei einem unserer ersten Einsätze trägt Corina zerschlissene Jeansshorts und ein knappes T-Shirt. Sie hält eine riesige Schaufel in der Hand. Vor ihr liegen rund fünfzig Zwinger, die gesäubert werden müssen. Elektrisch, fließend Wasser oder sanitäre Anlagen existieren nicht. Es ist Hochsommer. Extreme Hitze verschlägt uns den Atem, und hundertfaches Gebell sorgt für eine ohrenbetäubende Lärmkulisse. Zuerst schneide ich meine Hosenbeine kurz ab, danach verteilen wir den Helfern und Helferinnen große Wasserflaschen. Wir sind mit einem großen Team angereist. Reinigungsarbeiten, die Behandlung gegen Endo- und Ektoparasiten sowie andere Erste-Hilfe-Leistungen, der Futternachschub und das Beheben der gefährlichsten baulichen Begebenheiten gehören zu den ersten Aufgaben. Gemeinsam mit zwei Tierärztinnen versorgen wir zum Teil schwer kranke Tiere, wobei wir uns auf die dringlichsten medizinischen Probleme konzentrieren müssen. Nicht nur die Impfung und Entwurmung von achthundert Tieren, das Verarzten von Wunden sowie die Behandlung von Augen- und Hautkrankheiten können wir bei diesem Einsatz angehen, sondern auch komplexere medizinische Vorgänge, darunter viele operative Eingriffe, die eine Tierärztin in ihrer Klinik durchführt. Das alles ist glücklicherweise nur der Anfang einer erfolgreichen und erfüllenden Zusammenarbeit.

13. August 2011

Manche Tage wollen kein Ende nehmen. Unaufhörlich werden Notfälle eingeliefert, und Tiere, die dringend behandelt werden müssen, stehen auf der Warteliste. Erst wenn es langsam still wird, realisiere ich, dass Müdigkeit schmerzen kann. Ich genieße die Zeit, wenn letzte Aufräumarbeiten in normalem Tempo durchgeführt werden können, und während ich die geborgenen Welpen betrachte, die nun satt und zufrieden in der kleinen Box schlafen, weiß ich, dass ich mich niemals fragen werde, warum ich mir all das antue. Es sind die – seltenen – ruhigen und friedlichen Momente, in denen ich zum Beispiel tief in der Nacht meine Kolleginnen beobachte: wie sie die letzte Operation beenden und danach ihre Augen einen Moment lang geschlossen halten, weil auch sie erst jetzt realisieren, wie unendlich müde sie nach solchen Tagen sind.

22. September 2011

Die Flughafenangestellten in Zürich staunen nicht schlecht: Unser Gepäckvolumen sprengt vermutlich dasjenige von Madonna oder Mariah Carey. Doch in meiner Reisetasche befinden sich nur zwei Paar Turnschuhe, Sportwäsche, aus der sich allfälliges Ungeziefer leicht entfernen lässt, lange Hosen, Regenschutz, mehrere T-Shirts, natürlich Mückenspray, Sonnenschutzmittel und die obligate Kopfbedeckung. Auch in den übrigen zehn Koffern, die wir zum Check-in-Schalter schleppen, befinden sich keine Extravaganzen, sondern Material aus unserem Sammellager, das Tierärzte, Mitarbeiterinnen und ich nach Zentralafrika verfrachten. Ich bin aufgeregt und empfinde es als Ehre, dass wir beim Aufbau der Tierschutzarbeit im weltberühmten Albert-Schweitzer-Spital in Lambarene mitwirken dürfen. Das vor über hundert Jahren von Albert Schweitzer gegründete Urwaldhospital existiert noch immer, wie auch sein Schaffen, sein Werk und seine Schriften zur Ethik des Lebens unvergessen bleiben. Seinen Satz »Ich bin Leben, das leben will, inmitten von Leben, das leben will« finde ich ebenso schön wie »Das gute Beispiel ist nicht eine Möglichkeit, andere Menschen zu beeinflussen, es ist die einzige«. Sein unermüdliches Schaffen brachte ihm, der die Tiere, aber auch die Menschen liebte, im Jahr 1953 den Friedensnobelpreis ein. Später versuchte man Albert Schweitzer zu diskreditieren, kritisiert wurde, wie er die afrikanischen Mitarbeiter behandelt und sein Hospital in Afrika geführt habe. Es handelte sich um haltlose Vorwürfe, die sich unterdessen als üble Nachrede erwiesen haben.

Wir landen pünktlich. Während der Weiterfahrt im Bus hänge ich meinen Gedanken nach und genieße die Aussicht. Auf einer holprigen Dschungelstraße überqueren wir den Äquator und sind Stunden später am Ziel. Die flachen Häuser des Hospitals liegen in mehreren Gruppen auf einem riesigen Gelände. Was von weitem ein Dorf sein könnte, ist noch immer eine voll funktionsfähige Anlaufstelle für kranke Menschen, darunter schwangere Frauen und viele Kinder. Das legendäre Hospital im afrikanischen Baustil präsentiert sich einfach. Ein belebter Mikrokosmos spielt sich im Freien ab. Versorgt werden die Kranken, die hier medizinisch betreut werden und genesen können, von Familienmitgliedern, die kochen und waschen, für Lärm, Lachen, bunt flatternde Wäsche und feine Küchendüfte sorgen.

Wir kommen mit einem klar definierten Auftrag nach Lambarene: Die vielen frei laufenden Hunde werden als zunehmende Gefahr für die Patienten, ihre Angehörigen und die Bewohner der umliegenden Dörfer betrachtet. Im Vordergrund unserer Aktion steht die Tollwutimpfung Hunderter frei lebender Tiere, und auch zahlreiche Kastrationen sind geplant. In den stillgelegten Räumlichkeiten der Entbindungsstation richten wir zwei temporäre Operationsräume ein, eine Apotheke und zwei Aufwachzimmer. Zu unseren Fachkräften und Veterinärmedizinern, die den Einsatz begleiten, können wir einheimische Helfer hinzugewinnen, die sich über einen kleinen Zusatzverdienst freuen. Viele Kinder leisten uns Gesellschaft, gespannt verfolgen sie unser Tun. Dass die Bevölkerung eng mit ihren Tieren verbunden ist, zeigt auch der Ansturm von privaten Tierbesitzern, die die Möglichkeit der kostenlosen Kastration ihrer Lieblinge nutzen, was mit einer Erstuntersuchung, einer Behandlung gegen Endo- und Ektoparasiten, der Tollwutimpfung sowie einer Markierung einhergeht. Hunde, Katzen, Affen und sogar einen verletzten Singvogel bringen die

Bewohner zu uns. Jeder Patient wird registriert. Wie selbstverständlich übernehmen die europäischen Praktikanten in ihrer Freizeit diese administrative Arbeit.

Die Operationsinstrumente waschen wir am Brunnen unter freiem Himmel, bevor wir sie erneut sterilisieren. Neben den ungewohnten Umständen ist es vor allem die Hitze, die unsere Arbeit erschwert: Wir schwitzen fast mehr, als wir trinken können. Bevor einer von unzähligen Regenschauern über dem Land niedergeht und die Temperaturen abermals ansteigen, bittet uns der Tierarzt, ihm den Schweiß aus dem Gesicht zu wischen, damit dieser nicht in die Operationswunde tropft. Die Humanmediziner des Hospitals nehmen zahlreich an den Schulungen unserer Tierärzte teil, die wichtige Informationen über die Tollwut, ihre Verbreitung und die Möglichkeiten der Prophylaxe liefern. Wir arbeiten jeweils bis spät in die Nacht.

Wie immer, wenn ich in Afrika bin, wird mir manches bewusster, fernab der Hektik des Alltags reduziert sich vieles auf das Wesentliche. Leben und Sterben liegen im Hospital nah beieinander und bestimmen den Rhythmus. Wir erfahren von zahlreichen traurigen Schicksalen, von Menschen, die den Kampf gegen ihre Krankheit verloren haben. Wir führen viele Gespräche mit den Ärzten, die uns von ihren Sorgen und Nöten berichten: Medikamentenmangel, Aids und eine fehlende Blutbank, um nur einige zu nennen. So sind wir denn wenig erstaunt, als ein junger Arzt durch den nächtlichen Regen rennt und schließlich tropfnass in unserem Operationssaal steht. Eine seiner Patientinnen drohe zu verbluten, sagt er, doch er könne kein Blut mehr spenden. Er deutet auf seine zerstochenen Venen. Natürlich übernehmen wir diese Aufgabe sofort. Was ich auch in der Schweiz regelmäßig mache, fühlt sich hier anders an: Nie zuvor habe ich so direkt erlebt, wie mit meiner Blutspende ein Leben gerettet werden kann.

Nach dem anstrengenden Tagwerk und den anschließenden Besprechungen sitzen die Teammitglieder jeweils kurz zusammen und lassen den vergangenen Tag Revue passieren. Wir sind uns einig: Jeder von uns empfindet ein tiefes Glück, lebendig und gesund zu sein. Nach einem köstlichen afrikanischen Abendessen, das wir im Speisesaal einnehmen, in dem einst Albert Schweitzer gegessen hat, fallen alle todmüde in ihre Betten. Durch die offenen Gitterwände lausche ich unter dem Moskitonetz liegend dem ohrenbetäubenden Regen und hänge abermals meinen Gedanken nach: Während dieses Einsatzes muss ich mich nie zwingen, die Dinge positiv zu sehen, muss mir und anderen nie Mut zusprechen oder zermürbende Kämpfe mit Gegnern ausfechten. Alles fügt sich mühelos zusammen. So als würde jemand im Hintergrund die Fäden ziehen und dafür sorgen, dass wir harmonisch und fehlerfrei arbeiten können. Albert Schweitzer kämpfte während seiner Tätigkeit in Afrika mit Widerstand und Sabotageakten. Ich wünschte mir, er könnte sehen, dass sein Lebenswerk noch immer existiert und in seinem Sinn weitergeführt wird. Vor der Abreise besuche ich seine letzte Ruhestätte. Der Pionier liegt auf dem kleinen Spitalfriedhof am Fluss Ogowe. Ich lege eine selbst gepflückte Blume auf sein Grab.

29. Oktober 2011

Ob in Ungarn, Rumänien, Kroatien, Zypern, Zentralafrika oder Ägypten: Um im Ausland ein funktionierendes Hilfsprogramm auf die Beine zu stellen, sind nebst akribischen Vorbereitungen in der Schweiz auch Recherchen vor Ort von Bedeutung. Es hilft, wenn man weiß, wie die Bevölkerung denkt, fühlt, welche Alltagssorgen sie belasten, welche Ansichten die Menschen in den einzelnen Tierschutzfragen vertreten. Ich genieße diese Treffen, denn der Umgang mit den Einheimischen ist meist ehrlich, offen und direkt. Anders verhält es sich mit amtlichen Würdenträgern oder manchen Verantwortlichen von Tötungsstationen und städtischen Tierheimen. Es kann helfen, wenn man die behördliche Praxis kennt, die das Treiben legitimiert, und man auf die Stolpersteine vorbereitet ist, die einem Gegner, die es immer gibt, unter Umständen zwischen die Beine werfen werden. Auch Verhaltenskodexe müssen respektiert werden, genauso gilt es zu akzeptieren, dass die Machtverhältnisse fast immer zu meinen Ungunsten ausfallen: Ich will etwas und habe wenig zu bieten. Von mir sind keine politischen Gefälligkeiten zu erwarten, die man bei späterer Gelegenheit einlösen kann, und auch kein Geld. Im Umgang mit Lokalpolitikern und behördlichen Vertretern, die über das Schicksal von Zehntausenden von Tieren mitentscheiden, lerne ich, auch auf verschlungenen Wegen zu meinen Zielen zu gelangen. Wie das geht? Eben: Man macht sich hübsch, schlüpft in die hochhackigen Pumps und hat im Idealfall einen Kameramann im Schlepptau.

Während vieler Jahre studiere ich weiterhin nicht nur das Verhalten der Tiere, sondern auch jenes der Menschen. Wenn es dem Tierschutz dient, springe ich über meinen Schatten, und wenn mir gewisse Männer tatsächlich besser zuhören, weil ich ein pinkfarbenes Kleidchen trage, dann ziehe ich selbstverständlich eines an. Das bedeutet ja nicht, dass man mich als Fachperson zu einem späteren Zeitpunkt nicht ernst nehmen muss. Jedenfalls bin ich – zumindest am Anfang – nett, Kritik, Forderungen und Drohungen von meiner Seite sind in den wenigsten Fällen angebracht. Im Gegenteil: Ich bewundere mein Gegenüber, ohne es für dumm zu verkaufen, argumentiere sachlich, gebe mich auf keinen Fall klüger oder besser informiert als die Gesprächspartner und kämpfe mich gleichzeitig in der Argumentation millimeterweise nach vorn, Richtung Ziel. Eine Baubewilligung. Die Zusage, dass die Tiere ethisch vertretbar getötet werden. Die Erlaubnis, eine Kastrationsaktion durchführen zu dürfen.

Dass ich mir nicht in die Karten blicken lassen darf, mich manchmal verstellen muss, gehört nicht immer, aber vor allem im Ausland ganz einfach zum Job. Ich sage etwas und meine etwas ganz anderes. Ich lächle und möchte meinem Gegenüber stattdessen eine schallende Ohrfeige verpassen. Diese professionelle Beweglichkeit, wie ich das nenne, gehört zu meiner Arbeit, sie ist eine Herausforderung und ein Verhalten, ohne das ich in diesem Job am falschen Platz wäre.

2. November 2011

Logistisch sind große Projekte immer anspruchsvoll. Finden sie im Ausland statt, gehen selbst kleine Fehler zulasten jener Lebewesen, die wir schützen wollen: der Tiere. Das Ausarbeiten der Einsatzpläne, das Zuteilen der Aufgaben, die innerhalb von fünf Tagen wechseln und deshalb genau koordiniert werden müssen, bestimmen die Vorbereitungsarbeiten. Lastwagenladungen mit Material, das über die nötigen Zollpapiere verfügen muss – darunter spezifische Werkzeuge, Baumaterial, das vor Ort Mangelware ist, sowie Hilfsgüter für die Tiere –, haben den Zielort pünktlich zu erreichen. Planen wir Kastrationsaktionen, werden im Vorfeld ausgebildete Tierärzte im Land gesucht, die solche Interventionen begleiten. Zudem müssen geeignete Räumlichkeiten gefunden und das komplette medizinische Material beschafft werden. Spezifische Probleme, die mit der Arbeitsmentalität der Menschen vor Ort zusammenhängen, muss man rechtzeitig erkennen, aber auch anderes – Betzeiten und Moscheebesuche genauso wie christliche Feste und Feiertage – in den zeitlich festgelegten Abläufen berücksichtigen.

In Ungarn und Rumänien kann das Team jeweils einige Stunden allein arbeiten, versierte Einsatzleiterinnen unterstützen uns. Ich verhandle in den Amtsstuben mit den Behörden und eile von Sitzung zu Sitzung. Die gemachten Zugeständnisse erweisen sich nicht selten als Makulatur: Was heute bewilligt wird, kann von der gleichen Person wenig später wieder rückgängig gemacht werden. Am Anfang rätsle ich über die Gründe für das wankelmütige Verhalten. Heute weiß ich, dass manche politischen Vertreter erpressbar sind oder einknicken, weil ihnen von den Mitgliedern ihrer Seilschaften Vorteile oder aber Sanktionen in Aussicht gestellt werden. Trotz aller Vorbereitung und Vorsicht gilt darum: Willkür und Verhinderungsaktionen erschweren die Einsätze bisweilen massiv. Die schlechten Erfahrungen lehren mich zudem: Wir sind Gäste in einem fremden Land und auf Einheimische und Behörden angewiesen, aber es gibt durchaus Grenzen, alles darf man sich auf keinen Fall bieten lassen. Diplomatie und Kompromissbereitschaft enden bei mir abrupt, wenn es zu Übergriffen und kriminellen Aktionen kommt, bei denen die Tiere als Zielscheibe benutzt werden. Doch davon später mehr.

6. Dezember 2011

Dem brütend heißen rumänischen Sommer folgen bitterkalte Wintermonate. Corina beschreibt mir in einer Mail den Alltag im rumänischen Tierheim Help Labus bei minus zwanzig Grad: Weil die Straßen und Wege nur unregelmäßig gepflügt werden, müssen sich die einheimischen Mitarbeiter teilweise durch hüfthohen Schnee kämpfen. Um an den Arbeitsort und wieder nach Hause zu gelangen, benötigen sie nun bis zu vier Stunden pro Tag. Die Tätigkeiten finden hauptsächlich im Freien statt: Die freiwilligen Helfer werden reihenweise krank oder verzichten aufgrund der immer extremer werdenden Wetterverhältnisse ganz darauf, vorstellig zu werden. Dass viele keine warme Winterkleidung besitzen, schmerzt mich. Die Nahrung für achthundert Tiere stammt aus Schlachtabfällen oder Resten aus der Gefängniskantine der Industriestadt. Es wird unter freiem Himmel gekocht, ein Prozedere, das nun stundenlang dauert, weil die Bestände, die in einem Schuppen lagern, eingefroren sind. Um einfeuern zu können, muss teures Brennholz auf Rechnung gekauft und in die Anlage transportiert werden. Sind die Fleischbrocken endlich gar, liefern sie den Tieren trotzdem zu wenige Kalorien, um die harte Winterzeit unbeschadet zu überstehen. Corina schickt mir Bilder. Das Elend der Anlage ist optisch durch den Winterzauber aus Schnee und Eis gelindert. Doch es ist ein trügerisches Bild. Denn eingeschneit sind auch manche der bereits geschwächten Tiere, die in die Kamera blicken. Bereits der vergangene Winter hat fünfzehn Hunden das Leben gekostet, schreibt Corina.

Verletzten und kranken Tieren, denen kleine Operationen das Leben retten könnten, bleibe die Hilfe versagt, und aufgrund des Platzmangels müsse sie immer wieder Schützlinge abweisen, was in dieser Jahreszeit ebenfalls deren sicheren Tod bedeute. Sie klingt verzweifelt. Wir packen mehrere Paletten mit Decken und Blachen und schicken sie sofort nach Rumänien. Über Facebook sammeln wir Winterkleidung für die Helferinnen und Helfer vor Ort und veranstalten gleichzeitig eine Spendensammlung für die Erstellung von Hundehütten, die den Tieren Schutz gewähren sollen. Innert kürzester Zeit können wir Hunderte von Unterschlupfmöglichkeiten auf dem Gelände platzieren lassen. Zusätzlich finanzieren wir Stroh für die Hütten, das die Kälte effizient isoliert, die Feuchtigkeit abhält und dazu führen wird, dass die Hunde sich entspannen und gegenseitig wärmen können. Da der Import von Tierfutter zu teuer und der Transport ökologisch betrachtet ein Unsinn wäre, organisieren wir das Futter direkt vor Ort.

Beim nächsten Treffen nehme ich Corina in den Arm und sage, was ich all denen sage, die Tierschutzarbeit in unserem Sinne betreiben und die wir bestimmt nie im Stich lassen werden: »Du bist nicht allein.« Was fehlt, sind noch immer helfende Hände. Wir sind bereit, mitanzupacken, ein unbürokratisches Notprogramm auf die Beine zu stellen und dafür selbst um Hilfe zu bitten. Unsere Schweizer Mitstreiter und Sympathisanten verstehen den Ernst der Lage sofort – wie schon so oft –, was zu einer lang dauernden finanziellen und moralischen Unterstützung führt.

9. Februar 2012

Als die dringlichsten Bedürfnisse erfüllt sind, können wir uns im Tierheim Help Labus auf weitere Probleme konzentrieren, vor allem auf die bauliche Infrastruktur. In Rumänien grassieren ansteckende tödliche Krankheiten, darunter Staupe und Parvovirose, die jedes Jahr Zehntausenden von jungen Hunden ein qualvolles Ende bereiten. Bald können wir dank unserer Spender und immer in Absprache mit dem Stiftungsrat, der alle unsere Aktionen bewilligen muss, Großes planen: Aus dem notdürftig erstellten Auffanglager für herrenlose Tiere soll ein nach europäischem Standard erbautes Tierheim mit Vorbildcharakter werden, das die Stiftung finanziert, koordiniert und im gesamten Prozess begleitet.

Dieser Vision folgen harte Arbeit und monatelange Planungsarbeiten, in die unzählige Fachkräfte, Experten aus den verschiedensten Disziplinen und Dutzende von freiwilligen Helfern involviert sind. Immer wieder reise ich in dieser Zeit nach Galati, um den Bau des Heims zu besichtigen und Gespräche mit dem Bauleiter und anderen Fachleuten zu führen. Auch in der Schweiz bin ich nun täglich mehrere Stunden mit diesem Projekt beschäftigt: Es gibt unzählige Fragen zu beantworten, unzählige Probleme zu lösen. Ich freue mich über den kleinsten Fortschritt und kann es kaum erwarten, bis die ersten Tiere in das neue Heim einziehen können.

Der Neubau ist in zwei Etappen geplant. Nach einem Jahr findet der Umzug der Hunde in den ersten Trakt des neuen Tierheims statt. Der Bürgermeister und der Kreisrat sind mit von der Partie, als die ersten Hunde ihr neues Zuhause betreten. Die meisten befinden sich zum ersten Mal in einem geschlossenen Raum, verfügen erstmals über einen richtigen Schlafplatz und erkunden vorsichtig die Hundeklappe, die sie in ihren Auslauf führt. Eine riesige Last fällt mir vom Herzen, als die ersten Hunde zufrieden in ihren Körbchen liegen. Ich weine vor Freude und Erleichterung, setze mich auf den Boden, genieße diese Minuten und bin glücklich, dass im kommenden Winter hier kein Tier mehr erfrieren wird.

Bald können zwei weitere Hundehallen in Betrieb genommen werden, und dann steht der Umzug von hundert Katzen an. Bisher haben sie in Dunkelheit und Dreck gelebt, in der kalten Jahreszeit unter extrem schwierigen Umständen. In ihrem neuen Reich leben sie nun in vier Gruppen in einem beheizbaren Innenbereich mit einem großen Außengehege, Klettermöglichkeiten, Kratzbäumen und Spielsachen aus unserem Schweizer Materiallager. Schutz, Versorgung und geregelte Temperaturverhältnisse: Die Schützlinge spielen bereits nach wenigen Tagen miteinander, wälzen sich genüsslich in ihren Körbchen, tollen im Freien herum und vermitteln einen rundum zufriedenen und gesunden Eindruck.

Drei Jahre nach unserem ersten Einsatz kann der gesamte Neubau in Betrieb genommen werden. In vier isolierten und beheizten riesigen Hallen mit Zugang zu den großzügig gestalteten Ausläufen, in der Quarantänestation wie im Welpenhaus finden die Hunde nun artgerechte Bedingungen vor. Zusätzlich gibt es acht große Außenzwinger mit isolierten Hütten, in denen jene Vierbeiner unterkommen, die lieber unter freiem Himmel leben. In der neu gebauten Quarantänestation werden Neuzugänge und kranke Tiere untergebracht und gepflegt. Eine tierärztliche Praxis, ein Bürogebäude wie ein Aufenthaltsraum für die Helfenden gehören heute zu jedem Tierheim, das auch ein Tierschutz- und Begegnungszentrum sein will.

Als wir zum ersten Mal im Help Labus vorstellig wurden, war es schlicht unvorstellbar, dass Außenstehende die schreckliche Auffangstation freiwillig besuchen würden. Heute melden sich immer mehr Menschen aus dem In- und Ausland für eine Besichtigung der Anlage an, in der Tiere leben, denen es gut geht. Um das neue Tierheim auf gutem Niveau halten zu können, organisieren wir ein spezielles Hilfsprogramm: Viele der heimatlosen Schützlinge gelangen so zu einem Schweizer Paten oder einer Schweizer Patin, die mit monatlichen Geldüberweisungen Futter, Tierpflege, Heizung, Wasser und Tierarztkosten finanzieren. Diese Aktion erweist sich als großer Erfolg, und viele Tierfreunde besuchen »ihren« Hund oder »ihre« Katze später vor Ort. Auch viele Rumäninnen und Rumänen begutachten das neue Help Labus, um ein heimatloses Tier zu übernehmen. Im Spiel- und Adoptionsgarten können sie den ausgewählten Schützlingen näherkommen, und an Besuchstagen erfahren sie mehr über die artgerechte Hunde- und Katzenhaltung. So finden unzählige Zusammenführungen von einst heimatlosen und kranken Tieren und ihren neuen Besitzern statt.

Sind wir stolz? Ein wenig. Aber immer im Wissen, dass an einem solchen Erfolg Hunderte von Menschen beteiligt sind, darunter viele, die nie an die Öffentlichkeit treten. Vor allem aber sind wir glücklich, weil das gelungene Großprojekt – es wird von Corina Grigore in die Neuzeit geführt – abermals neue Türen öffnet. Unterdessen beschäftigen wir im Tierheim Help Labus eine Agentin, die mich täglich mehrmals über die aktuellen Geschehnisse informiert und auch mit verschiedenen rumänischen Tierheimen in Kontakt steht. Lilu Gal ist aus diesem Alltag und auch als Freundin aus meinem Leben nicht mehr wegzudenken.

5. August 2012

An diesem Sommertag steht ein Einsatz auf dem Papageienhof im Toggenburg auf dem Plan. Nachdem wir bereits Volieren aufgebaut, marode Bäume gefällt, Sträucher geschnitten, Wände gestrichen, aber auch administrative und tierpflegerische Abläufe optimiert haben, wollen wir nun Umgebungs- und Aufräumarbeiten erledigen sowie zusätzliche Häuser für die gackernden Bewohner aufstellen. Seit wir die sogenannten Legehennen-Aktionen durchführen, bei denen wir Hunderte von Tieren – die sonst nach wenigen Monaten Lebenszeit entsorgt würden – an private Halter vermitteln, gehören die Hühner ebenfalls zu den Bewohnerinnen des Papageienhofs.

Später werde ich gefragt, welche früheste Erinnerung ich mit dem Menschen verbinde, der mein Schicksal beeinflussen wird und an diesem Tag einer von vielen freiwilligen Helfern ist, der nicht nur ein Herz für Tiere hat, sondern auch nicht davor zurückschreckt, sich in gleißender Sommerhitze die Hände schmutzig zu machen. Ich sehe einen groß gewachsenen Mann vor mir, der konzentriert und schweigend arbeitet. Er hat kein Problem damit, dass die Einsatzleiterin eine Frau ist, wie seine Reaktionen auf mein knappen Anweisungen zeigen. Ich sehe ihn an und denke, was ich auch bei vielen anderen denke, die keinen Anzug und kein feines Schuhwerk tragen, sondern ein verschwitztes T-Shirt und verschmutzte Gummistiefel: Stünde ich an einem rutschigen Abhang, würde er mir die Hand reichen und verhindern, dass ich abgleite.

Im Verlauf der Jahre und nach vielen Erfahrungen verändert sich manchmal der Blick auf die Menschen. Und nach einigen Beziehungen vielleicht auch der auf die Männer. Meine Erfahrungen waren weitgehend gut, doch mit meinem Engagement als Tierschützerin, das für mich Lebensaufgabe und Erfüllung bedeutet, sind Ansprüche hinzugekommen, die sich mehr als einmal als schwierig erwiesen haben. Ich bin oft wochenlang unterwegs, arbeite an den Wochenenden oder auch nachts. Ich bin strapaziert und erschöpft, wenn ich von einem anstrengenden Einsatz zurückkehre. Das hinter mir Liegende verarbeite ich zuerst schweigend. Ich kann keinen geregelten Tagesablauf garantieren und lege ungern Rechenschaft ab über jeden Schritt, den ich mache. Ich koche und haushalte, aber nicht regelmäßig und schon gar nicht auf Befehl. Sind wir als Paar eingeladen, geschieht es unterdessen fast zwangsläufig und eher zu meinem Missfallen, dass meine Tätigkeit und meine Person in den Mittelpunkt gerückt werden. »Gesucht: eine eigenständige, selbstbewusste Frau, die Ziele hat und finanziell unabhängig ist« – wie oft lese oder höre ich von diesem männlichen Wunsch, wenn es darum geht, die ideale Partnerin zu umschreiben. Doch Theorie und Praxis klaffen oft auseinander, zu viel Eigenständigkeit wird bald einmal als Mangel an Liebe oder als geringes Engagement gewertet. Das kann ich sogar nachvollziehen, weshalb ich auch in der größten Verliebtheit nichts mehr verspreche, was ich nicht halten kann, und meine eigenen Bedürfnisse und Standpunkte früh formuliere.

Kommt ein Mann immer an zweiter Stelle? Nein. Aber er muss ein vertieftes tierschützerisches Interesse mitbringen, damit er gewisse Umstände, die mit meiner Lebensaufgabe einhergehen, nicht als negativ empfindet. Resultat? Einige Jahre als glücklicher Single liegen hinter mir. Dass ich schalten und walten kann, wie ich will, genieße ich, was die Suche nach einer neuen Liebe natürlich zu keiner dringenden Sache macht. Nun steht Lars vor mir. Bestimmt wird er von der weiblichen Welt als gut aussehend wahrgenommen. Am besten gefällt mir sein Blick, intelligent und offen, knapp gefolgt von einem schönen Lachen. Aber ein Einsatzort eignet sich nicht, um romantische Gefühle zu entwickeln, da man mit dem Herzen und den Gedanken bei den Tieren und der Arbeit ist. Unsere Wege trennen sich wieder. Aber nicht für immer.

21. Februar 2013

Ich erfahre, dass Lars – der ein freiwilliger Helfer unserer Stiftung geblieben ist – bewusstlos zusammengebrochen und ins Koma gefallen ist. Er befindet sich im Krankenhaus und muss eine schreckliche Diagnose verarbeiten. Er ist erst 37 Jahre alt – also sieben Jahre jünger als ich – und leidet an einem Hirntumor. Während der Zeit, die er im Krankenhaus verbringen muss, wünscht er keinen Besuch, er muss sich von der Operation, aber auch von der Hiobsbotschaft erholen.

Als er wieder zu Hause ist, kann ich ihn sehen. Wir verstehen uns auf Anhieb. Seine Zurückhaltung und sein Optimismus sind die Eigenschaften, die ich zuerst wahrnehme, und danach seine Selbstsicherheit. Sie hat nichts mit gesellschaftlichem Status, strotzender Gesundheit oder Schönheit zu tun, sondern steht in Verbindung mit innerer Ruhe, Toleranz, Vertrauen in sich selbst und in die Welt. Mut, Tapferkeit, der sorgsame Umgang mit anderen, so lehren mich die folgenden Wochen, vereinen sich in diesem Menschen, der mir bis vor kurzem noch fremd war und bald so vertraut sein wird.

Langsam erholt Lars sich von der schweren Operation, und sobald es ihm möglich ist, hilft er stundenweise in unserem Materiallager. Er will wieder auf die Beine kommen, will sich nützlich machen. Um sein Hirn zu trainieren, spielen wir in den Pausen Memory und Vier gewinnt – und verlieben uns heftig ineinander. Im Verlauf der folgenden Monate erlebe ich, dass ein fein zubereitetes Essen am Tisch ein Genuss sein kann, anregende Gespräche sich als Trost erweisen und Momente der Zweisamkeit keine Belastung, sondern ein Glück sein können. Ich werde wieder sozialer, esse mit Messer und Gabel, schaffe mir sogar ein hübsches Nachthemd an, und im Kühlschrank liegt jetzt meist mehr als nur eine zerquetschte Tube Mayonnaise. Dennoch kann es vorkommen, dass ich gedankenverloren wortlos die Wohnung verlasse und bei meiner Rückkehr Stunden später auf einen entgeisterten Lars treffe, der nicht informiert wurde, dass ich weggehe, und schon gar nicht, wie lange ich nicht zu Hause sein werde. Er lacht über solche Patzer, und ich fühle mich ihm nah, erkenne in diesen Details eine wichtige Voraussetzung für eine sich entwickelnde Liebe, von der ich schon früh hoffe, dass sie lange Zeit und vielleicht für immer halten wird.

20. Mai 2013

Ein Verstehen verbindet uns, das wir beide nicht in große Worte fassen müssen. Lars muss ich auch nicht erklären, welches Elend ich in einer rumänischen Tötungsstation antreffe, weil er mich zu den Einsätzen begleitet, wann immer es seine Arbeit als Physiotherapeut und sein Gesundheitszustand erlauben. Und ich glaube zu wissen, was er durchmacht, ohne dass wir ständig darüber reden, denn es ist uns beiden klar, dass sein Hirntumor jederzeit wieder wachsen kann. Wir lernen, die guten und schönen Momente zu genießen und auch radikal positiv zu denken, solange keine negativen Nachrichten eintreffen.

Die Verliebtheit geht ohne harte Landung auf dem Boden der Realität sanft und selbstverständlich in Liebe über, was für mich Beruhigung und Bestätigung bedeutet. Fürsorge, Anteilnahme am Leben des anderen, aber auch die Auseinandersetzung mit Eigenschaften und Macken, die sich über kurz oder lang zeigen, sind meiner Meinung nach Teil einer funktionierenden Beziehung. Und in unserem Fall auch die Erkenntnis, dass man im anderen Loyalität und Freundschaft, Trost und Anerkennung finden und doch ein autonomes Wesen bleiben kann. Ein Abend ohne Worte; Gefühle und Reaktionen, die unerklärt und manchmal sogar unverstanden bleiben dürfen. Den Wunsch, den anderen gänzlich zu verstehen, habe ich stets als einengend empfunden, obwohl es vermutlich einem Bedürfnis liebender Menschen entspricht, symbiotisch zu funktionieren. Wir sind beide dankbar, dass wir diesbezüglich gleich empfinden. Nähe und Einigkeit erleben wir in gemeinsamen Lebenswelten, in ähnlichen Wertvorstellungen und gemeinsamen Interessen. Diese Verbundenheit lässt sich – so sind wir uns einig – weder durch Vereinnahmung noch durch Einschränkungen erreichen. Auch aus diesem Grund sind wir sehr glücklich.

10. Juni 2013

Wie bei all unseren Einsätzen sind wir auch in Rumänien auf verschiedenen Ebenen tätig: Ich nutze die Chance, vor Ort politische Gespräche zu führen und zu recherchieren. Vor allem die Einheimischen vermitteln mir auf diesem Weg wichtige Informationen, die ich sonst nicht bekommen würde. Auf diese Weise lassen sich neue Zusammenhänge herstellen, ich gelange zu Erkenntnissen, die unter Umständen veränderte Strategien erfordern. Die direkte Zusammenarbeit ist einer von vielen Gründen, weshalb wir immer wieder erklären: Tierschutz findet nicht am Schreibtisch statt. Jetzt sind wir erneut auf dem Weg in die rumänische Industriestadt Galati, die wir von Bukarest aus nach vierstündiger Autofahrt erreichen. Wir überholen klapprige Pferdewagen, und je weiter wir gegen Osten vordringen, desto ärmlicher präsentieren sich die Holz- und Lehmhäuser. Strom, Heizung und Wasser sind im ländlichen Rumänien keine Selbstverständlichkeit. Wer Glück hat, besitzt eine ausgemergelte Kuh, einige Hühner, einen kleinen Garten, der das Notwendigste zum Überleben liefert. Die Armut ist spürbar, aber auch sichtbar in den müden Gesichtern, die uns überall begegnen.

Unser Ziel ist die städtische Abfallentsorgung Ecosal von Galati. Sie ist für den Müll aus der ganzen Region zuständig, gleichzeitig auch für die Entsorgung der tausendfach streunenden Hunde der Stadt. Die Umstände sind weiterhin desolat, haben sich aber seit unserem letzten Besuch verbessert: Die Tiere werden seit einigen Monaten nicht mehr getötet, was früher an der Tagesordnung war.

Auch dürfen Tierschützer aus Galati nun Futter, Medikamente und Antiparasitika für die teilweise kranken, misshandelten und leidenden Tiere liefern, und bereits arbeiten auch einige Hundefreunde in dieser Institution.

Gleichzeitig wird die Arbeit der Tierschützer weiterhin sabotiert. So etwa während eines Kastrationsprogramms, das wir ein Jahr später nach langen Verhandlungen in der ehemaligen Tötungsstation von Galati durchführen. Zuerst verläuft bei diesem Einsatz alles nach Plan. Unser Einsatzteam aus Schweizer Fachleuten und rumänischen Tierärzten leistet erstklassige Arbeit: Verletzungen werden behandelt, Endo- und Ektoparasiten eliminiert, und auch die fachmännisch durchgeführten Kastrationen finden ohne Zwischenfälle statt. Am nächsten Tag informiert man uns, drei Tiere seien in den frühen Morgenstunden verstorben. Man nehme dies als Beweis für unsere professionelle Unfähigkeit und verzichte künftig auf weitere Kastrationsaktionen. Ich weiß, theoretisch kann es passieren, dass ein Tier nach einer Narkose stirbt, doch als wir das Heim verlassen haben, waren alle 85 Hündinnen, die wir operierten, wach und munter. Sehr verdächtig finde ich auch den Umstand, dass alle Tiere zum gleichen Zeitpunkt gestorben sind.

Je aktiver wir sind, desto mehr Feinde haben wir. Einheimische Tierschützer, die uns Unfähigkeit nachweisen möchten, wollen uns genauso scheitern sehen wie manche Politiker, die sich an unseren Berichten über die schlimmen Zustände in diesem städtischen Tierheim stören. Lassen sich die massiven Vorwürfe an unsere Adresse nicht aus dem Weg räumen, ist die Weiterführung unserer Arbeit im Ecosal gefährdet. Obwohl die Stadt die toten Tiere nicht aushändigen will, können wir sie auf Umwegen zu uns bringen. Ein schreckliches Bild bietet sich uns. Die Hündinnen sind vor ihrem Tod misshandelt worden, Zähne sind abgebrochen, sie bluten aus Fang und Ohren. Wir erkennen sie wieder: Langsam haben sie nach der Narkose Zutrauen zu uns gefasst und die körperliche Hinwendung, als wir sie von den Zecken befreiten, ganz offensichtlich genossen. Viele Tiere, die von den Hundefängern eingefangen und ins städtische Hundeghetto gesteckt werden, leiden stark unter den dortigen Zuständen. Wann immer sich Möglichkeiten ergeben, suchen sie den Kontakt zu Menschen, die ihnen ein wenig Zuneigung schenken.

Jetzt liegen sie tot vor uns. Wir sind sehr traurig und unglaublich wütend. Gemeinsam mit der Tierärztin untersuchen wir die geschundenen Körper. Nachdem wir die Tiere vorsichtig rasiert haben, entdecken wir frische Einstichstellen am Thorax: Sie sind vorsätzlich mit einer Giftspritze ins Herz getötet worden. Wir halten alles fotografisch fest und lassen die Fakten schriftlich durch unsere Tierärztin bestätigen. Mit diesen Informationen im Gepäck beginnen wir mit den Behördengängen: Diesen Hunden kann niemand mehr helfen, aber wir müssen alles versuchen, um solche Fälle sowie ein zukünftiges Verbot von Kastrationsaktionen für die Tierheimhunde zu verhindern. Gemeinsam mit dem Team vor Ort wenden wir uns an das zuständige Veterinäramt, bringen unsere Anschuldigungen vor und liefern die Tiere zur Autopsie ab. Es dauert Ewigkeiten, bis die Untersuchungsergebnisse vorliegen. Sie bestätigen lediglich Einstichstellen im Thoraxbereich. Als wir auf genaueren Informationen bestehen, sind die Tiere plötzlich verschwunden. Dennoch hat das Ganze Konsequenzen: Ein solcher Vorfall ereignet sich nie mehr. Einige Angestellte des städtischen Tierheims werden entlassen. Und wir werden in dieser Institution noch unzählige Kastrationsaktionen durchführen.

1. August 2013

Gemeinsam mit meiner Hündin Arab befinde ich mich abermals auf dem Weg nach Rumänien, um hier meinen Urlaub zu verbringen und die Gegend, in der wir ein neues Tierheim und viele Tierschutzprojekte planen, genauer kennen zu lernen. Noch wenige Kilometer sind bis Galati zurückzulegen. Am Fluss Siret will ich mit Arab einen Spaziergang unternehmen, bevor wir unser Quartier, eine einfache Wohnung in einer rumänischen Plattenbausiedlung, beziehen. Nach wenigen Metern tapst uns ein Welpe entgegen: Das Hündchen ist erst wenige Wochen alt und kann noch nicht einmal richtig laufen. Offenbar wurde es am Fluss ausgesetzt oder sogar von der nahen Brücke ins Wasser geworfen. Obwohl es sehr schwach ist, schafft es den Weg zu uns. Das ist unser aller Glück: Ich hebe das winzige Geschöpf – ein Mädchen – hoch und weiß sofort, dass wir von nun an zu dritt sind. Seit dem Tod meiner Hündin Shelo vor rund einem Jahr habe ich hin und wieder daran gedacht, einen zweiten Hund aufzunehmen, mochte aber nicht aktiv auf die Suche gehen. Ich bin der Meinung, dass Tierschützer nicht nach dem richtigen Hund oder der richtigen Katze suchen sollten: Sie werden uns vielmehr vom Schicksal geschenkt.

4. September 2013

Wir sind kurz vor dem Ziel: Eine befreundete Tierschützerin ist gefunden, die in Galati offiziell die Verantwortung für die Hundeproblematik übernehmen wird. Grundlegende Verbesserungen für die Tiere sind zu erwarten, und wir können endlich mit der praktischen Arbeit vorwärtsmachen. Doch kurz vor ihrem Stellenantritt geschieht ein schreckliches Unglück: Ein kleiner Junge wird in Bukarest von Hunden getötet. Obwohl die Umstände dieses Dramas unklar sind, verurteilt man die Straßenhunde in corpore als Kindermörder, und Wochen später wird das entsprechende Gesetz – das zu diesem Zeitpunkt die Tötung von Hunden untersagt – abermals verändert. Ab sofort ist das Töten der Straßenhunde wieder erlaubt, die Abstimmung dazu wird sogar live im Fernsehen übertragen. Unsere Agentin berichtet mir am Telefon darüber. Als sie sagt: »Es ist vorbei, viele Leute fallen auf die Knie und beten«, weiß ich, dass eine schlimme Zeit anbricht. Tatsächlich finden bald im ganzen Land Jagden auf Hunde statt, an denen sich auch viele Privatpersonen beteiligen. Tiere werden zu Tode gequält oder von offiziellen Hundefängern eingefangen. Unter schrecklichen Bedingungen warten sie in unzähligen Tötungsstationen nun zu Tausenden auf ein brutales Ende.

10. Juli 2014

Wir werden erneut im städtischen Tierheim Ecosal vorstellig. Die Situation hat sich seit unserem letzten Besuch aufgrund der veränderten Gesetzeslage erneut verschlechtert. Auf Schlimmes gefasst, treten wir den Rundgang an, den uns die Heimleiterin nun durch ihr Heim gewährt. Tausenddreihundert Hunde leben in geschlossenen Räumen und in Ausläufen zusammen und erhalten kaum Futter. Die Platzverhältnisse sind beengend. Die Tiere in den Außenanlagen sind den Witterungsverhältnissen schutzlos ausgeliefert, diejenigen in den Innenräumen sind auf wenigen Quadratmetern Betonboden zusammengepfercht. In den massiv überbelegten Zwingern kommt es zu gravierenden Übergriffen in den Gruppen, aber auch zur schnellen Verbreitung von tödlichen Krankheiten.

Sterbenskranke und schwer verletzte Hunde und Welpen, wohin das Auge reicht. Es ist ein Anblick des Grauens: verhungernde Tiere und unzählige Hundemütter, die in diesem Elend ihre Jungen zur Welt bringen. Manche haben riesige, entzündete Wunden und warten fiebernd und voller Schmerz auf den nahenden Tod. Andere verenden langsam und qualvoll, weil es an einfachstem medizinischem Material fehlt und der städtische Tierarzt sich weigert, Hunde zu behandeln oder jene, für die es keine Rettung mehr gibt, zu euthanasieren. Es ist der gleiche Mann, der ohne Bedenken gesunde Tiere tötet. Die Blicke der noch lebenden Tiere werde ich nie vergessen, genauso wenig wie den Anblick der toten Tiere in den Zwingern. Ich schäme mich, ein Mensch zu sein.

Wir behandeln die Tiere notfallmäßig und sammeln sofort Spenden für über drei Tonnen Futter. Tausenddreihundert gespendete Flohhalsbänder dämmen den starken Parasitenbefall ein. Unser Team wird grassierende Hautkrankheiten behandeln und so viele Tierheimhunde wie möglich kastrieren. Wir möchten noch viel mehr tun, doch die Aufbauarbeit der folgenden Monate ist durch große und kleine Rückschläge gezeichnet. Die Durchführung jeder Aktion ist hart erkämpft, und wenn wir endlich handeln dürfen, bleiben die Aktivitäten ein Balanceakt, da sie im Einverständnis mit den zuständigen politischen Behörden und den Verantwortlichen des Tierheims koordiniert werden müssen, welche die ausländische Hilfe weiterhin als Angriff auf ihre Kompetenzen interpretieren.

So agiert man lange Zeit im städtischen Tierheim. Doch dann bin ich am Ende mit meiner Geduld. Diplomatie auf dem Weg zum Ziel ist richtig und gut, aber man darf den Zeitpunkt nicht verpassen, auf die Bremse zu treten und seinen Widersachern die rote Karte zu zeigen. Die tierquälerischen Zustände funktionieren im Ecosal wie durch ein Perpetuum mobile angetrieben, und es kommt kaum je zu nachhaltigen Veränderungen, wie wir nach unzähligen Einsätzen feststellen müssen. Aufgeben ist jedoch keine Option, wir sind mit unserem Latein noch lange nicht am Ende. Bereits vor einem Jahr haben wir einen rumänischen Rechtsanwalt eingeschaltet, der gegen die massiven gesetzlichen Verstöße vorgeht, welche die Stadt Galati im Rahmen der existierenden europäischen Richtlinien tagtäglich begeht. Wenig später werden die Gesetze wie bereits angedeutet abermals zum Nachteil der Straßenhunde verändert und machen unsere diesbezüglichen Bemühungen hinfällig.

Die grauenhaften Umstände im Tierheim Ecosal verbreiten sich auch im Internet rasant. Bald reisen Tierschützer aus verschiedenen

Ländern nach Galati. Ihr Ziel: Sie wollen Hunde retten. In den sozialen Netzwerken beginnt eine regelrechte Schlacht um Aufmerksamkeit, jeder spendet Futter, jeder nimmt einen Hund mit, jeder kämpft gegen jeden. Unzählige Anfänger tummeln sich hier und sonnen sich im Lob derjenigen, die genauso wenig von der Sache verstehen wie sie selbst. Gleichzeitig greifen diese Männer und Frauen die seriösen Organisationen an: Sie arbeiten auch gegen uns, was schließlich dazu führt, dass unsere Verhandlungen mit der Stadt Galati ins Wanken geraten. Dass ich mit denen spreche, die mit ihren Aktivitäten negative Folgen für die Hunde bewirken, und sie von einem nachhaltigen Weg zu überzeugen versuche, wird mir wiederum von anderen Tierfreunden angelastet. Die Futterspenden und baulichen Veränderungen, mit denen unser Hilfsprojekt angefangen hat, werden bald von anderen Gruppierungen übernommen.

Unsere Organisation kümmert sich weiterhin um die kostspieligen Kastrationen der Tiere und übernimmt die tierärztlichen Behandlungen von verletzten und kranken Hunden. Bereits vor drei Monaten haben wir zusammen mit rund sechzig Schweizer Tierschutzorganisationen einen offenen Brief an den Bundesrat formuliert und diesen aufgefordert, mit dem damaligen Ministerpräsidenten Victor Ponta in Kontakt zu treten, um die Verstöße seines Landes im Rahmen des Europäischen Übereinkommens zum Schutz von Heimtieren wie auch jene gegen die Richtlinien der Weltorganisation für Tiergesundheit (OIE) zu thematisieren.

Heute finden im Tierheim Ecosal keine Tötungen mehr statt, dennoch sind die Umstände immer noch schrecklich. Wir sind weiterhin bei Einsätzen vor Ort, um das Leid der Tiere zu lindern. Mit unseren Kastrationsaktionen verhindern wir, dass hier weitere Welpen geboren werden, und wenn wir nicht vor Ort sind, werden die Hündinnen in unserem Tierwaisen-Hospital in Galati kastriert. Laufend werden dort auch kranke und verletzte Tiere aus dem städtischen Tierheim behandelt. Von den vielen Organisationen und selbst ernannten Tierschützern, die in dieser PR-trächtigen Situation wie Pilze aus dem Boden geschossen sind, haben sich die meisten wieder aus dem Staub gemacht, nachdem sie sich zuvor noch gegenseitig beschuldigten, schlechten Tierschutz zu betreiben. Einige von ihnen brachten den einen oder anderen Hund aus dem Ecosal in Tierheimen oder bei Privatpersonen in der Nähe unter und verschwanden danach auf Nimmerwiedersehen.

25. Juli 2014

Seit rund zwölf Jahren setze ich mich mit meiner Stiftung in Ungarn ein. In dieser langen und intensiven Zeit hat sich die Tierschutzsituation in diesem Land wie bereits erwähnt massiv verbessert: Unzählige Organisationen haben Unterstützung erhalten, Kastrationsaktionen wurden und werden noch immer regelmäßig durchgeführt, Tierschützer und Tierärzte haben Aus- und Weiterbildungen erhalten. Wir kämpfen weiter für die Abschaffung von Tötungsstationen, zum einen auf politischer Ebene, zum andern, indem wir unsere Partner vor Ort dabei unterstützen, offizielle Tötungsstationen zu übernehmen und als seriöse Tierheime weiterzuführen.

Mit neutralem Gesichtsausdruck frage ich auch an diesem Tag, ob ich Bilder machen darf in der Tötungsstation, die ich besuche. Die in kleinen Käfigen eingesperrten Tiere blinzeln gegen das Tageslicht, das bei unserem Eintreten in den Holzverschlag flutet, und beobachten mich ängstlich. Sie sitzen in ihrem eigenen Dreck auf dem Betonboden, Wasser gibt es nicht, die wenigen herumliegenden Knochen sind vermutlich bereits seit Tagen abgenagt. Wenig später trifft auch der Beamte der Stadtverwaltung ein, der die Bewilligung für unseren Augenschein erteilt hat. Die Zustände scheinen auch ihn zu schockieren, er wird ganz still.

Als wir wieder ans Tageslicht treten, danke ich ihm dafür, diese Station sehen zu dürfen. Meine Fragen stoßen bei ihm auf offene Ohren wie auch der Einwand, dass es den beiden Angestellten möglich sein sollte, die eingesperrten Tiere mit Futter und Wasser zu versorgen und ihre Gehege zu reinigen. Wenig später dürfen wir die Hunde abholen, aufpäppeln und an gute Plätze in Ungarn vermitteln. Heute wartet in dieser Station kein Tier mehr auf den Tod, die Türen der Zwinger stehen offen, der letzte Hundefänger wurde entlassen. Solche positiven Beispiele gibt es auch. Ohne Verantwortliche, die ein Herz besitzen und diesem mutig folgen, wären sie undenkbar.

16. August 2014

Auf vielen Einsätzen in Rumänien begleiten uns die Tierärztinnen Irina und Luana: Sie sind beide jung, engagiert, kennen sich im Tierschutz und in ihrem Land aus und sind es gewohnt, vierzehn Stunden pro Tag zu arbeiten. Gemeinsam mit unseren Schweizer Teams leisten sie Großartiges. Anstrengende Arbeit, die gemeinsame Trauer um verlorene Tiere, Freude über erfolgreiche Aktionen und die Müdigkeit, die uns am Esstisch einschlafen lässt, verbinden uns. Vertrauen und Freundschaft wachsen in vielen Monaten.

Auf Luana und Irina ist stets Verlass, und auch wenn keine Einsätze anstehen, befinden wir uns in ständigem Kontakt. Um zusätzliche Aktionen durchführen zu können und noch mehr Tieren zu helfen, planen wir gemeinsam eine Tierklinik in Bukarest. Viele Stunden verbringen wir fortan bei Skype und langen E-Mails: brüten über Grundrissen, diskutieren Einrichtungen und planen gemeinsam die Zukunft.

Unsere Stiftung unterstützt diese Klinik im Wissen, dass wir hier gemeinsam wertvolle Tierschutzarbeit leisten werden. Doch bauliche Verzögerungen und fehlende Bewilligungen aufgrund administrativer Haarspalterei verhindern lang geplante Hilfsaktionen. Der Druck steigt, lässt Irina und Luana noch härter arbeiten, und bald überwiegt die Vorfreude, die Klinik doch bald einweihen zu können. Nach einem Einsatz bin ich in Bukarest – ich erinnere mich, als wäre es gestern gewesen: Die zwei Tierärztinnen führen mich strahlend durch die neuen Räumlichkeiten. Einiges muss noch erledigt werden, doch vieles ist erreicht. Stolz weisen die beiden auf Einrichtungen, die bereits Realität sind, und andere, die noch entstehen müssen. Luana zeichnet sie mit den Händen in die Luft. Ich sehe sie vor mir: eine ausgesprochen schöne, glückliche junge Frau mit dunklen Haaren und klugen Augen. Sie lebt mit ihrem Verlobten – er ist ebenfalls Tierarzt – zusammen und steht am Anfang eines Lebens, in dem sie Gutes tun wird. Ich weiß, dass sie ihre Pläne mit aller Kraft verfolgen wird.

Einige Wochen später – ich halte mich in Ungarn auf – hinterlässt Irina verstört eine knappe Nachricht auf meiner Combox. Ich bin alarmiert und melde mich sofort telefonisch. Irina bricht in Tränen aus und erzählt, was sich am Tag zuvor ereignet hat. Seit Wochen fanden in der Klinik in Bukarest längst fällige Bauarbeiten statt, die allerdings mit unangenehmen Geruchsemissionen verbunden waren. Abhilfe sollte ein Ventilator schaffen. Luana steckte das Gerät ein, worauf ein Funkenflug eine Explosion auslöste. Unsere Freundin habe schwerste Verbrennungen erlitten und kämpfe ums Überleben, berichtet Irina. Ich breche meine Reise ab und sichere Irina jegliche finanzielle Unterstützung zu, um das Leben von Luana zu retten. Kurz vor meiner Abreise Richtung Bukarest erhalte ich die Nachricht, Luanas Zustand sei stabil, sodass ein Transport möglich sei. Mit einem gecharterten Rettungsflug in eine Spezialklinik nach Wien überführt, werde sie dort die bestmögliche Behandlung erfahren.

Ich ändere meine Pläne und bin auf dem Weg nach Wien, als mich Irinas Nachricht erreicht: »Luana hat uns verlassen.« Die Welt kommt zum Stillstand. Ich bin wie betäubt, kann das Unfassbare nicht glauben. Die folgenden Tage sind ein Albtraum aus Tränen, Schmerz und Selbstvorwürfen. Was Erfüllung bringen sollte, erweist sich als Auslöser von unerträglichem Leid für Luanas Familie, ihre Freunde, ihren Verlobten und auch für uns. Luana ist tot. Ich grüble, hadere mit mir, dem Schicksal und der Welt. Hätte ich das Projekt nicht unterstützt, wäre Luana vielleicht noch am Leben. Freunde und Mitstreiter stehen dem Team und mir bei. Sie ermuntern, trösten und ermahnen mich schließlich, das weit fortgeschrittene Projekt nicht fallen zu lassen. Das hätte Luana nicht gewollt, sagen auch ihre Angehörigen. Es fällt mir schwer, weiterzumachen, ich finde keine Antworten auf quälende Fragen. Trage ich Mitschuld? War es Schicksal? Will mir das Schicksal etwas sagen? Ich weiß es nicht.

27. August 2014

Ich stürze mich in Aufgaben und Aktivitäten, obwohl ich weiß, dass sich nicht jeder Schmerz verdrängen lässt. Hin und wieder gönne ich mir eine Ruhepause und erkenne doch einmal mehr, dass es meine Arbeit ist, die mir Sinn vermittelt, mir den Weg aus der Dunkelheit weist und mich Schlimmes überstehen lässt. Der lang geplante Aufbau eines Tierwaisen-Hospitals (Orphan Animal Hospital, OAH) in Galati wird konkreter. Noch immer sterben in Rumänien und in anderen Ländern Tausende von heimatlosen Tieren auf der Straße an Krankheiten und Verletzungen, die kostengünstig behandelt werden könnten.

Wer hundertmal miterleben musste, wie Tiere aus Geldmangel qualvoll verenden, will gegen diesen Missstand ankämpfen. Wir wollen Voraussetzungen schaffen, die es den Fachkräften vor Ort ermöglichen, das Leben jener zu retten, die bisher als nicht behandlungswürdig qualifiziert worden sind. In unserem Tierwaisen-Hospital sollen Patienten künftig die benötigte tierärztliche Versorgung erhalten, Medikamente, Operationen, Therapien und Pflege. Können die bis anhin auf der Straße lebenden Hunde und Katzen nach ihrer Genesung wieder in ihr Revier zurückkehren, wird dies geschehen. Andere werden Unterschlupf im Tierheimneubau Help Labus finden und im Idealfall an geeignete Besitzer vermittelt werden.

29. August 2014

Mit unserer mobilen Tierklinik können wir nun auch in entlegene rumänische Dörfer und Tierheime reisen. Dem Thema Geburtenkontrolle stehen viele ländliche Bewohner offen gegenüber. Auch hier gebären Hündinnen zweimal pro Jahr unerwünschte Jungtiere, die dann entsorgt werden. Viele Menschen leben am Existenzminimum, und die Kastration ihrer Vierbeiner ist eine Ausgabe, die sie sich niemals leisten könnten. Achtzigjährige Frauen mit geblümten Kopftüchern und selbst gestrickten Socken, um den Hals meist ein großes silbernes Kreuz, und wortkarge, unrasierte Männer in zerschlissenen Sakkos stehen – drei Katzen im Arm oder die zugelaufene Mischlingshündin an der Leine – Schlange, um für ihre Tieren ein Hilfsangebot anzunehmen, das diese aus dem Teufelskreis von Nachwuchs, Krankheit und Tod befreit. Auch die städtischen Tierhalter aus Galati und Bukarest sehen den Sinn solcher Aktionen ein, und oft gibt es sogar Tränen, wenn sie keine Gratiskastration mehr ergattern können und warten müssen, bis wir erneut anreisen.

4. September 2014

Im Kongo unterstützt unsere Stiftung eine Aktion, bei der vierzehntausend Tiere gegen Tollwut geimpft werden. Wir finanzieren zusätzlich ein Fahrzeug für das Team vor Ort, das bis anhin mit dem Fahrrad in die entlegensten Regionen unterwegs war. In diesem wie in allen unseren anderen Projekten arbeiten wir mit seriösen Organisationen zusammen, die wir persönlich kennen, mit anderen stehen wir in regelmäßigem Kontakt. Eine unentbehrliche Kontaktperson ist die Schweizer Tierärztin und Tierschützerin Marlene Zähner, die mit ihrer Stiftung Dodo Bahati im Kongo in verschiedenen Bereichen aktiv ist. Mit speziell ausgebildeten Bluthunden kämpft sie gegen die Wilderei im Virunga National Park im Osten der Demokratischen Republik Kongo an. Sie ist regelmäßig vor Ort und berät und informiert uns zusätzlich über Situation und Möglichkeiten im Land.

Wie immer wollen wir auch hier Hilfe zur Selbsthilfe leisten. Natürlich erfordert dieser Vorsatz mehr Aufwand, darunter regelmäßige und intensive Zusammenarbeit mit unseren Kollegen sowie persönliche Einsätze vor Ort. Die nachhaltigen Resultate bleiben nicht aus: Einheimische Fachleute können nun selbständig arbeiten und das Projekt eigenständig führen, gleichzeitig vermitteln sie ihr Wissen auch an andere weiter. Im Kongo ist es noch nicht so weit, aber in anderen Ländern gehören neben der Finanzierung von baulichen Veränderungen oder der Finanzierung von Impfstoffen auch Weiterbildungsveranstaltungen zu unseren Leistungen. Diese meist an Universitäten stattfindenden Trainings bieten wir zu symbolischen Preisen an, damit sich Experten vor Ort eine Teilnahme auf jeden Fall leisten können. In Mexiko, Rumänien und Ungarn planen und unterstützen wir den Aufbau von spezialisierten Tierärztetrainingszentren.

10. September 2014

In Peru begleitet die SUST ein aufstrebendes Schutzprojekt, das es sich mitten im Amazonasgebiet zur Aufgabe gemacht hat, die negativen Begleiterscheinungen des blühenden Schwarzhandels mit Wildtieren zu bekämpfen. Unsere holländischen Kollegen haben dieses Projekt vor vier Jahren mit dem Kauf von 58 Hektar Urwald gestartet. Woll- und Kapuzineraffen, Tapire, Papageien, diverse Vogelarten, Wickelbären und viele andere Wildtiere, die aus den tropischen Regenwäldern illegal in alle Welt exportiert werden sollten: Sie finden nach ihrer Beschlagnahmung durch den Zoll und die Polizei mitten im Dschungel ein neues Zuhause, ebenso wie viele Jungtiere, deren Mütter der Wilderei zum Opfer gefallen sind.

Die meisten Schützlinge treffen in sehr schlechtem Zustand in der Station ein, und manche sterben aufgrund der hinter ihnen liegenden Strapazen. Viel Hilfe ist nötig, nebst der finanziellen Unterstützung von verschiedenen baulichen Einrichtungen versorgen wir das Projekt auch regelmäßig mit Materialspenden. Jedes Team, das an den Amazonas reist, tut dies schwer bepackt: Im Dschungel sind vor allem Utensilien gefragt, die der hohen Luftfeuchtigkeit, den vielen Stromausfällen und gelegentlichen Angriffen durch Tierzähne standhalten. Um die exotischen Tierkinder aufzupäppeln, setzen unsere Kollegen auf die gute alte Wärmflasche. Sie ist leider in Peru kaum erhältlich, und so starten wir in den sozialen Netzwerken erfolgreich verschiedene Aufrufe. Sobald die Jungtiere größer sind, sollen sie im Idealfall sanft ausgewildert werden.

Doch davon will zum Beispiel die Äffin Mica nichts wissen. Nicht die komfortable Unterkunft und auch nicht die Bananen, die sie als Weihnachtsgeschenk erhält, sind der Grund, dass sie unbedingt in der Station Esperanza Verde bleiben will. Nein, Mica ist dauerverliebt. Und zwar meist in männliche Pfleger, die sich um sie kümmern. Die eher ungehobelten und aufdringlichen Annäherungsversuche des liebesbedürftigen Kapuzineräffchens erschweren die Arbeit im Alltag, lassen uns allerdings auch herzhaft lachen: zumindest bis die Behandlung mit einem Hormonpräparat das Paarungsverhalten des pubertierenden Tieres in andere Bahnen lenkt.

Die behördliche Akzeptanz für dieses Projekt wächst, und bald gelangen immer mehr beschlagnahmte Tiere nach Esperanza Verde. Wir sind stolz darauf, dass wir den Bau einer Klinik finanzieren können: Hygieneschleusen, die das Verschleppen von Krankheiten verhindern, Stallungen für kranke Tiere, ein Behandlungsraum, Platz für die Administration und ein Operationssaal werden – bis zur vollständigen Auswilderung – jene Voraussetzungen schaffen, die den Tieren auch langjährige Aufenthalte in großen Wildgehegen ermöglichen. Das gesamte Baumaterial wird mit Booten angeliefert und danach zu Fuß durch den unwegsamen Dschungel geschleppt, ein Vorgang, den auch die Einheimischen aufmerksam verfolgen.

Die Planung ist in vollem Gang, als unser Partnerteam von Esperanza Verde Schweiz dem Projekt einen seiner vielen Besuche abstattet. Die Bevölkerung lebt unweit der Auffangstation in einer Ortschaft mit dem schönen Namen Belo Horizonte. Wild wuchernde Natur, paradiesische Flora und Fauna, spektakuläre Sonnenuntergänge und smaragdgrüne Flüsse kontrastieren mit einfachen Verhältnissen, wie sie in diesem Teil des peruanischen Dschungels üblich sind. Es ist verständlich, dass Menschen, die selbst wenig besitzen, tierschützerischen Aktivitäten, von Ausländern organisiert, manchmal skeptisch gegenüberstehen. Ignoriert man die Bedenken von Anwohnern und Nachbarn, wischt man Kritik und Fragen unter den Tisch, ist dies nicht nur respektlos, man läuft auch Gefahr, dass die Arbeit unterwandert und bekämpft wird.

Die Bewohner von Belo Horizonte leiden zum Glück keinen Hunger und sind gesundheitlich versorgt, doch ihren Haustieren geht es nicht gut, wie uns die holländischen Pioniere der Wildtierstation berichten. Der Augenschein vor Ort bestätigt dies: Die meisten Hunde und Katzen gelten nach westlichem Verständnis als Straßentiere, doch im Gespräch mit den Dorfbewohnern stellt sich heraus, dass fast alle zu einer Familie gehören. Die Verantwortlichen der Station Esperanza Verde möchten die Nachbarn über den Sinn ihrer Arbeit informieren und verbinden dies mit einer Aktion, die für die Dorfbewohner Sinn macht: Unser vierköpfiges Partnerteam aus Schweizer Tierärzten unterzieht sämtliche Haustiere einer kostenlosen Entwurmungs- und Behandlungsaktion. Was wir zu diesem Zeitpunkt noch nicht wissen: Ende 2016 kann das »SUST-Orphan Animal Hospital Peru« eröffnet werden. Auch hier werden wir Tierarzt-, Medikamenten- und weitere Kosten für die Behandlung der Wildtiere übernehmen.

7. Oktober 2014

Monique ist stinksauer. Die Stadtregierung von Hurghada lässt Arbeitsesel beschlagnahmen. Nicht etwa aus Tierliebe, sondern um Touristen den Anblick schlecht gehaltener Lebewesen zu ersparen. »Tiere, die nicht platziert werden können, gelangen in den

Zoo von Kairo und enden dort als Futter für die Raubtiere«, klärt mich Monique am Telefon auf. Die ägyptische Tierschützerin mit Schweizer Wurzeln setzt alle Hebel in Bewegung, damit die treuen Grauohren vor diesem Schicksal bewahrt werden können, und ich sichere ihr sofort ein großes Futterprogramm und neue Gehege zu.

Zehn Jahre früher: Monique Carrera Gad el Karem gießt süßen Pfefferminztee in Gläser und reicht mir mit Nüssen und Honig gefülltes Gebäck. Ist es die Hitze, die arabische Süßigkeit oder der Umstand, dass die nächtliche Lagebesprechung bis morgens um vier Uhr dauert, dass wir zu träumen beginnen? Wir träumen von einer paradiesischen Wüstenanlage, die ausgedienten Eseln, aber auch heimatlosen Hunden, Katzen, Ziegen, Hühnern und Nymphensittichen ein neues Zuhause bietet. Verschiedene Steinhäuser gewähren in diesem Traum den Tieren Unterschlupf, das ganze Gelände ist mit Schatten spendenden Bäumen und Palmen begrünt. Blühende Bougainvillea verschönern eine riesige Anlage mit eigener Bewässerungsanlage. Blau schimmert der Mond in dieser Nacht und vielleicht schon bald auch über der märchenhaften Unterkunft, für die Monique bereits einen Namen gefunden hat: Bluemoon Animal Center.

Doch die Realität sieht anders aus. In der überfüllten Wohnung der Tierfreundin tummeln sich Dutzende von Hunden und Katzen, die um unsere Aufmerksamkeit buhlen. Der Kauf einer zweiten Wohnung auf dem gleichen Stockwerk des Hauses hat nur vorübergehend eine Erleichterung gebracht. Die Nachbarn – in der Schweiz sorgt bisweilen ein einziges Tier für wütende Reklamationen – sind tolerant, doch Monique ist pragmatisch und verantwortungsbewusst, sie weiß, dass dies keine dauerhafte Lösung sein kann. Bald kaufen Monique und Salah, ihr ägyptischer Ehemann, der das Engagement seiner Frau in jeder Hinsicht mitträgt und nur schon aus diesem Grund meine volle Sympathie genießt, eine dritte Wohnung, die neben den beiden anderen Domizilen in einer Siedlung am Rand von Hurghada liegt.

Die Stadt mit zweihundertfünfzigtausend Einwohnern gilt als größtes ägyptisches Tourismuszentrum am Roten Meer, und wie in den meisten außereuropäischen Feriengegenden existiert auch hier eine Überpopulation von Straßenhunden und -katzen. In Ägypten bereitet uns allerdings auch der Umgang mit den Arbeitstieren Sorge: Müllsammler, die mithilfe von Arbeitseseln ihren harten und kargen Alltag bestreiten, besitzen oft nicht viel mehr als dieses einzige Tier. Eine tierärztliche Versorgung können sie sich nicht leisten, und den Schützlingen eine Verschnaufpause zu gönnen, liegt wegen der finanziellen Einbußen nicht drin. Die meisten Esel arbeiten jahrelang hart, ohne jede Pflege und artgerechtes Futter, und dementsprechend beklagenswert ist ihr Zustand. Für die Erfüllung des Traums »Wüstentierheim« – zu dem auch Kastrationsaktionen sowie die Ausbildung von Tierärzten vor Ort gehören sollen – besuche ich Monique und Salah regelmäßig. Als ich bei einem der frühen Besuche in den sogenannten Garten blicke, muss ich lachen: Die öffentliche Zufahrtsstraße wurde kurzerhand zu einem kleinen Auslauf für Hunde umgestaltet. Diese Aktion, die in der Schweiz in den nächsten fünf Minuten die Polizei und erzürnte Autofahrer auf den Plan rufen würde, bleibt in Hurghada monatelang ohne entsprechende Reaktionen.

Monique kennt die lokalen Sitten und die Regeln des sozialen Zusammenlebens. Sie spricht fließend Arabisch und verfügt über weitverzweigte Kontakte, auch zu den als zurückhaltend bekannten Beduinenstämmen mit ihren kleineren und größeren Kamelherden. Es gelingt ihr, das Wüstenvolk vom Sinn einer Tierimpfaktion und einer Behandlung gegen quälende Parasiten zu überzeugen, und unsere Stiftung führt beides kostenlos durch.

Bald entwurmen wir die Tiere auch, und nach einem Spendenaufruf in der Schweiz reisen wir mit Schabracken – Satteluntерlagen –, die den Eseln das Tragen von Lasten und das Ziehen riesiger Transportwagen erträglicher machen sollen, erneut nach Hurghada. Bald führen wir regelmäßig Einsätze durch, bei denen die Grauohren auch medizinisch versorgt werden. Verschiedene Tierärzte aus der Schweiz opfern ihre Freizeit für das im Aufbau befindliche Bluemoon Animal Center und verzichten auf ihr Honorar. Ihnen ist es auch zu verdanken, dass den einheimischen Veterinärmedizinern wichtiges Know-how vermittelt wird. In hygienischer, aber auch fachlich-technischer Hinsicht gilt es, einen logischen Ablauf in die Behandlungen und operativen Eingriffe zu bringen.

Wie wichtig es ist, in fremden Ländern nicht zu missionieren, sondern sich mit der Realität der einheimischen Fachkräfte auseinanderzusetzen, zeigt sich hier erneut. Hightech-Medizin bringt vielleicht einen vorübergehenden Erfolg, doch nach unserer Abreise müssen sich Tierärzte und Tierpfleger erneut mit den lokalen Möglichkeiten begnügen. Es geht also vielmehr darum, ihre Arbeit mit den verfügbaren Mitteln vor Ort zu verbessern, und in diesem Sinn werden neue Narkosetechniken eingeführt und operative Eingriffe verfeinert.

Die Zusammenarbeit mit Monique und ihrem anwachsenden Team verläuft hervorragend. Das gegenseitige Vertrauen wächst mit jedem Einsatz, und seit meinem ersten Besuch im Jahr 2004 hat sich zwischen uns auch eine innige Freundschaft entwickelt. Die erreichten Verbesserungen, darunter auch jene im Bereich von neuen strategischen und organisatorischen Abläufen, sind hart erkämpft, erweisen sich aber als nachhaltig. Nach detaillierter Prüfung kommen wir zum Schluss, dass wir unseren Spendern den Aufbau eines groß angelegten Wüstentierheims ideell und finanziell empfehlen können. Ehemalige Arbeitsesel, Touristenkamele, Hunde, Katzen und andere Heimtiere sollen in dieser Anlage Unterschlupf finden. Endlich wird dem Projekt Land zugesprochen: 58 Hektar groß, weit außerhalb der Stadt, mitten in der Wüste gelegen. Wir wissen, ein langer und sandiger Weg liegt vor uns, wollen wir hier eine Oase für Mensch und Tier schaffen. Fest entschlossen, Monique und ihr Team auf diesem Weg zu begleiten, geht es ab dem Jahr 2007 Schritt für Schritt voran. Rund um das Gelände entsteht eine Mauer, die künftig vor unerwünschten menschlichen und tierischen Eindringlingen schützen und Heimtiere daran hindern soll, Reißaus zu nehmen. Ein Gebäude ist bald im Aufbau, es soll eine Klinik und Mitarbeiter beherbergen. Katzengehege, Hundeausläufe, Eselkoppeln und Volieren sind geplant und vieles mehr.

Bald ziehen die Tiere ein. Die Esel werden kastriert, da sie sich ohne diesen Eingriff in den Gruppen nicht gerade freundlich verhalten. Tränenkanäle müssen gespült, Ohren von Parasiten gesäubert, entzündete Zähne behandelt oder gezogen, die Hufe von einem Schweizer Hufschmied behandelt werden, der sein Wissen sogleich an den lokalen Berufskollegen weitergibt. Kastrationsaktionen sind auch hier enorm wichtig: Es ist herzzerreißend, wie ganze Hundegruppen getötet werden. Immer wieder führen Beschwerden von Menschen, die sich vor den vielen Straßenhunden fürchten, dazu, dass die Regierung Erschießungs- und Vergiftungsaktionen durchführt.

Die verschiedenen beinahe wohnlich wirkenden Baustile lassen die Auffangstation bald wie ein natürlich gewachsenes Dorf aussehen. Eine Patenschaftsaktion für Palmen und andere Bäume ermöglicht die Begrünung der Anlage. Ach ja: Blühende Bougainvillea verbreiten heute tatsächlich ihren betörenden Duft. Das Herzstück des riesigen Wüstentierheims aber ist eine Anlage, mit der das Gold der Wüste gefördert wird: Seit wir das Geld dafür zusammengetrommelt haben, verwandelt die Entsalzungsanlage das salzige Grundwasser in Trinkwasser für Menschen, Tiere und Pflanzen. Was am Anfang eine Träumerei war, ist Realität geworden, und die Informationsarbeit trägt bei der Bevölkerung offensichtlich Früchte. Tiere von europäischen Besitzern, die nach einem längeren Aufenthalt in Ägypten ohne ihre einstigen Lieblinge in ihr Land zurückkehren, gehören heute ebenso zu den Bewohnern des Bluemoon Animal Center wie ehemalige Straßentiere und andere unerwünschte Heimtiere.

12. Oktober 2014

Ich besuche Salvador. Wiehernd galoppiert er über die Koppel des Bluemoon Animal Center auf mich zu und vertilgt den mitgebrachten Apfel. Er scheint mich zu erkennen, und es scheint ihm rundum gut zu gehen. Das war vor zwei Jahren anders. Um diese Geschichte zu erzählen, muss ich etwas ausholen: Ein Prinzip des seriösen Tierschutzes lautet, niemals Tiere freizukaufen, die in misslichen Verhältnissen leben. Ein solches Verhalten provoziert neue grausame Haltungsbedingungen, denn die Besitzer lernen schnell, dass sich so immer wieder ein gutes Geschäft ergibt. Natürlich bricht es mir jedes Mal das Herz, wenn ich auf leidende Tiere treffe. Ich suche jeweils das Gespräch mit den Haltern, muss freundlich und nett bleiben, rede mir den Mund fusslig, versuche die Menschen davon zu überzeugen, dass es in ihrem eigenen Interesse ist, wenn sie ausrangierte und ungewollte Tiere mir überlassen. Immer öfter gelingt dies auch in Ägypten. Einmal entdecke ich einen Hengst, der mit eng zusammengebundenen Vorder- und Hinterbeinen in einem Abfallberg steht, der prallen Sonne ausgesetzt, zur Reglosigkeit verdammt. Einheimische Beobachter berichten mir, das arme Tier befinde sich seit Wochen in dieser Situation.

Salah und ich werden aktiv. Ausführliche Gespräche mit dem Besitzer bringen keinen Erfolg. Zudem hält Monique richtigerweise nichts davon, in einer Wüstengegend Pferde zu halten, und möchte die entsprechende Population im Tierheim möglichst klein halten. Fehlende Weiden, die große Hitze und mangelndes Fachwissen sind gute Gründe, die gegen die Pferdehaltung in diesen Breitengraden sprechen. Zudem bedeutet jede zusätzliche Aufnahme im bereits überfüllten Tierheim weitere Kosten. Doch wir wissen, dass der Hengst keine Überlebenschancen hat, und Monique stimmt bald zu, Salvador aufzunehmen.

Nach langwierigen Verhandlungen, die weiterhin nichts zu bringen scheinen, offerieren wir dem Mann schließlich eine kleine Geldsumme, falls er uns das Pferd überlässt. Dieses Vorgehen entspricht zwar nicht unseren Prinzipien, doch in diesem Fall heiligt der Zweck die Mittel, und der Betrag ist immerhin so niedrig, dass der Mann sich damit kein neues Tier anschaffen kann. Ich darf Salvadors Fesseln durchschneiden, ihm ein geeignetes Halfter anlegen. Dann führen wir das schöne Geschöpf in zügigem Schritt durch die Wüste. Nach einem zweistündigen Fußmarsch kommen wir im Tierheim an und bringen Salvador in seine vorübergehende Unterkunft. Dort wird er von unseren Tierärzten medizinisch versorgt. Später nehmen wir uns die Zeit, einen Moment innezuhalten und Salvador zu beobachten: ein Tier, das sich bewegen kann, neugierig sein darf, sich vor Freude über sein neues Leben im Sand wälzt und über die Koppel galoppiert. Solche außergewöhnlichen Momente sind der Lohn für meine Arbeit, und glücklicherweise gibt es in meinem Alltag unzählige davon.

1. Februar 2015

Im Verlauf meiner Tätigkeit erhalte ich einen vertieften Einblick in fremde Kulturen und unterschiedliche Mentalitäten. Wenn ich meinen Jahresurlaub in Regionen verbringe, in denen wir tätig sind, lebe ich mit den Menschen zusammen, befasse mich mit ihren Denkweisen und ihren Bedürfnissen. Ich sehe und erlebe, dass Frauen und Männer in armen Ländern in vielerlei Hinsicht leiden und sich dennoch für andere Lebewesen einsetzen. Ohne politische Akzeptanz und ohne jegliche Hilfe von außen erledigen sie einen Vollzeitjob und arbeiten in ihrer Freizeit unentgeltlich in den Tierheimen mit, was natürlich dazu führt, dass es hin und wieder Absenzen gibt und die Zustände oft chaotisch sind. Diese sind nicht der Unzuverlässigkeit der Menschen geschuldet, sondern sehr oft dem eigenen Überlebenskampf.

Im meist berechtigten Glauben, dass es unseren Tieren in der Schweiz im Großen und Ganzen gut geht, gelangen meine Landsleute mit vielen Fragen zu den Auslandeinsätzen an mich: Ob das Tierglück vom Wohlstand abhänge. Vom Umstand, dass die Menschen in unseren Breitengraden genügend zu essen haben, eine Krankenversicherung, ein schönes Zuhause. Oder sind kulturelle Gründe verantwortlich? Die Rollen der Männer und Frauen in den jeweiligen Gesellschaften? Ich antworte, indem ich von meinen eigenen Erfahrungen erzähle: »In vielen Ländern, die ich näher kenne, leben die Menschen in enger Beziehung mit ihren Hunden, Katzen und Ziegen. Werden die geliebten Tiere krank, fehlt es natürlich an Geld für medizinische Interventionen, und die Schützlinge werden nicht entsprechend versorgt. Genauso wie die Kinder, genauso wie sie selbst. Werden Bilder von ausgemergelten oder kranken Tieren verbreitet, hat dies also nicht zwangsläufig damit zu tun, dass es sich bei den Haltern um gleichgültige oder schlechte Menschen handelt, sondern damit, dass es ihnen oft selbst am Nötigsten fehlt.«

Viele Schweizerinnen und Schweizer zeigen sich interessiert und sind erstaunt, wenn sie hören, dass Menschen in Ägypten Hunde halten, dass ich dort als Fachfrau geachtet werde und auch in Rumänien und Ungarn viele Tierfreunde leben. Was ich sagen möchte: Von allgemeingültigen Erklärungen halte ich nichts, ebenso wenig, wie ich religiöse oder kulturell bedingte Gründe als Rechtfertigung für Qualen von Lebewesen akzeptiere.

2. Mai 2015

Die Akzeptanz unserer Arbeit wächst mit den Jahren und mit den Erfolgen auch im Ausland. Unser Netzwerk ist mittlerweile international, und dank der Zusammenarbeit mit einer steigenden Anzahl von Tierärzten und Experten, die sich auch in den Ostländern mit dem Thema Tierschutz befassen, werde ich immer öfter zu Fachtagungen eingeladen, um über spezifische Problematiken zu referieren. Auch in Ungarn gelten wir nun als Spezialisten für den Tierschutz, und auf politischer Ebene genießt dieser mittlerweile einen Sonderstatus. Das Image der Tierschützer hat sich seit meinen Anfängen verändert, man betrachtet uns nicht mehr zwangsläufig als Spinner oder skurrile Menschenfeinde. Das Thema hat eine gewisse gesellschaftliche Akzeptanz erfahren, und in der

Schweiz engagieren sich nun auch prominente Vertreter und Vertreterinnen dafür.

Dass den Tierschützern jener Heiligenschein verwehrt bleibt, der Menschenrechtlern aufgesetzt wird, aber auch Abenteurern und Romantikern, die sich in Extremsituationen bewegen, finde ich nicht weiter schlimm. Es sollte um die Sache gehen und nicht um den persönlichen Ruhm. Und doch haben manche Pioniere des Tierschutzes Verehrung verdient. Albert Schweitzer gehört sicher dazu, aber auch Jane Goodall ist ein persönliches Vorbild oder Dian Fossey, eine amerikanische Zoologin, die jahrelang unter Berggorillas lebte, deren Verhalten studierte und vermutlich von den Wilderern ermordet wurde, die sie bekämpft hatte. Ebenso wie mein Lehrer und Wegbegleiter Dennis Turner, der bekannte amerikanisch-schweizerische Verhaltensforscher, der mit großartigen Ergebnissen den Schutz der Tiere vorantreibt, oder Professor Erich Klinghammer, der mir so viel über Wölfe und ihr Verhalten beigebracht hat. Und der mir den Satz einer französischen Mäzenin aus dem 19. Jahrhundert geschenkt hat: »Eine gute Tat wird durch das Verzeihen der Undankbarkeit vollendet.« Heute möchte ich anfügen: »Hat man ein Ziel vor Augen, braucht es keine Dankbarkeit.«

17. August 2015

Das Gegenteil von Heiligenschein ist allerdings auch nicht angenehm. Nach wie vor gibt es Menschen, für die der Tierschutz ein rotes Tuch bleibt. Soeben bin ich vom Auslandeinsatz in Ungarn zurückgekehrt. Wir haben Schreckliches erlebt und gesehen, haben bis an unsere Leistungsgrenzen gearbeitet und sind natürlich übermüdet. Nach solchen Einsätzen kann ich mich jeweils zwei Tage lang kaum bewegen und muss das hinter mir Liegende zuerst verarbeiten. Tausende Bilder und Eindrücke erscheinen nachts im Sekundentakt vor meinen Augen, während ich unentwegt nach Optimierungsmöglichkeiten und Lösungen suche. Wenn ich in solchen Phasen trotzdem kurz aus dem Haus gehen muss, treffe ich manchmal auf Bekannte. »Hast du auch schöne Ferien gehabt?«, fragt mich einer, der von meinem Einsatz weiß. Ich frage kurz nach, er meint es ernst.

Tatsächlich ist die Meinung weitverbreitet, dass im Ausland tätige Tierschützer, nachdem sie ein paar Tage lang saubere, gesunde und brave Tiere gefüttert und gestreichelt haben, einen entspannten Urlaub am Meer verbringen. Meine Laune erreicht sofort einen Tiefpunkt, ich bin erschöpft und genervt. Wie kann ich jemandem, der glaubt, Tierschutz bestehe aus Ferien und romantischen Aktionen, klarmachen, dass uns die Einsätze physisch und psychisch stark fordern und die Wochen einem exakten Plan folgen? Auch die mir am häufigsten gestellte Frage – »Warum rettet man Tiere, wenn es auf der Welt so viele hungernde Kinder gibt?« – trägt nach dem hundertsten Mal nicht dazu bei, dass ich in Hochstimmung gerate. Grundsätzlich ist diese Frage sicher erlaubt. Wenn man sie denn ernst meinen würde. Doch sie stammt in den wenigsten Fällen von Menschen, die sich um hungernde Kinder kümmern oder sich gegen Menschenrechtsverletzungen starkmachen, sondern von solchen, die sich nirgendwo engagieren, wie meine Nachfragen jeweils ergeben.

Ich könnte von manchen unserer Aktionen berichten, die auch den Menschen helfen: Geimpfte und gesunde Tiere sind zum Beispiel keine Gefahr mehr für die Bevölkerung. Zusammen mit dem Material für Tiere transportieren wir auch riesige Mengen von gesammelter Winterkleidung in osteuropäische Länder, und viele Ladungen Spielsachen gehen in die örtlichen Kinderheime oder werden in den ärmsten Gebieten verteilt. Zudem schafft ein professionell geführter Tierheimbetrieb oft auch neue Arbeitsstellen mit fixen Gehältern, die durch uns mitgetragen werden.

An solchen Argumenten sind manche Kritiker nicht interessiert. Mein Team und ich werden immer wieder mit Beleidigungen, Beschimpfungen und falschen Anschuldigungen belästigt, vor allem dann, wenn medial geführte Diskussionen rund um verschiedene Tierschutzthemen wieder einmal die Gemüter erhitzen. Es kann zu regelrechten Shitstorms kommen, wobei die orchestrierten verbalen Kriegserklärungen nicht selten von privaten Tierfreunden aus den verschiedenen Lagern inszeniert werden. Fast immer geht es weniger um den Inhalt als um eine willkommene Möglichkeit, andere zu verunglimpfen, der eigenen Bitterkeit Luft zu machen und sich selber ins beste Licht zu rücken. Auch verwegene Anliegen, die mit unserer Arbeit wie mit meiner Person verknüpft werden, nehmen zu: So findet die Übergabe eines Vogelkäfigs, den ich nur erhalte, wenn ich ihn persönlich nahe der französischen Grenze abhole, aufgrund betriebswirtschaftlicher Überlegungen nicht statt, was eine wüste Tirade der vermeintlichen Wohltäterin zur Folge hat. Immer wieder erkläre ich auch, dass ich keine Hausbesuche auf Befehl absolviere. Erst recht nicht, wenn sie mit frivolen Aktivitäten verbunden sind, für die ich selbstverständlich mit einer großzügigen Spende belohnt werde, wie mir mehr als ein männlicher Anrufer in Aussicht stellt.

7. September 2015

Umso mehr freuen mich die Reaktionen anlässlich des fünfzehnjährigen Bestehens der SUST. Hundertvierzig Tierheime und -schutzprojekte in der Schweiz und ebenso viele im Ausland werden unterdessen durch unsere Stiftung maßgeblich unterstützt. Viele Tierärzte und -schützer sind in den vergangenen Jahren aus- und weitergebildet, Kastrations- und Hilfsaktionen durchgeführt und Heime optimiert worden. Tausenden von Tieren haben wir so eine Basis für ein neues, besseres Leben verschafft. Viele prominente Tierfreunde und Tierschutzpersönlichkeiten unterstützen und fördern unsere Arbeit, und viele gratulieren uns zum Geburtstag. Mit ihren Worten tragen sie dazu bei, dass unser Engagement und die damit verbundenen Anliegen noch mehr Gewicht und Aufmerksamkeit erhalten.

Stellvertretend für alle möchte ich zwei von ihnen zitieren. So schrieb der Seiltänzer David Dimitri: »Dort, wo die Menschen in die Natur eingreifen und ihr Unheil treiben, dort fällt die Natur aus dem Gleichgewicht. Wenn Flüsse umgeleitet werden, müssen ganze Bevölkerungen ihr Land verlassen, Tiere verdursten, und die Erde stirbt aus. Menschen holzen Wälder ab und verursachen Naturkatastrophen. Früher ging man auf die Jagd, um für Essen zu sorgen. Heute weiß man nicht einmal mehr genau, wo das Fleisch herkommt, geschweige denn unter welchen katastrophalen Bedingungen die Tiere so oft auf ihren Tod warten müssen. Zum Glück gibt es immer mal wieder Gutes auf der Welt. Nämlich dann, wenn Leute wie Susy Utzinger mit ihrer Stiftung das Schicksal der Tiere wieder ins Gleichgewicht bringen. Wenn solche Organisationen für den Tierschutz unermüdlichen Einsatz leisten, um dem oft so hoffnungslosen Leben von Tieren auf der ganzen Welt eine Perspektive zu geben. Ich unterstütze die SUST, weil hier erfahrene Spezialisten mit innovativen und nachhaltigen Methoden für das Wohl der Tiere sorgen. Und weil ich sicher sein kann, dass jeder Franken für das Wohl der Tiere eingesetzt wird.« Und die Schauspielerin und Regisseurin Yangzom Brauen ließ uns und andere wissen: »Ich selber bin Halterin von zwei Rescue-Hunden und weiß, wie sehr diese Tiere auf eine gute Betreuung und Unterkunft in Notsituationen angewiesen sind. Diese Hilfe für Tiere in Not ist nur möglich dank Non-Profit-Organisationen wie der ›Susy Utzinger Stiftung für Tierschutz‹. Tierschutz findet nicht am Schreibtisch statt, Tierschutz hält sich nicht an Bürozeiten, und Tierschutz ist harte Arbeit. Ich wünsche mir, dass die SUST diese Arbeit noch viele weitere Jahre leisten wird.«

1. Oktober 2015

Nun ist es offiziell: Wir sind verlobt. Lars hat mir ganz klassisch und sehr romantisch einen Heiratsantrag gemacht. Ich habe nichts geahnt, sonst hätte ich noch schnell das neue Kleid angezogen, stattdessen nehme ich die alles bestimmende Frage in einer Art Jogginghose entgegen. Bei Kerzenschein geht er in unserem gemeinsamen Zuhause auf die Knie, fragt mich, ob ich den Rest meines Lebens mit ihm verbringen möchte, und überreicht mir einen wunderschönen Ring. Noroc, meine Hündin aus Rumänien, und Arab, mein geliebter Schäfer-Mischling, beobachten die Aktion von ihren Hundekörben aus und hören mich Ja sagen. Obwohl ich eigentlich der Meinung bin, dass ich keinen Vertrag unterschreiben muss, um mein Wort zu halten, freue ich mich sehr und falle Lars in die Arme. Verheiratet zu sein, so habe ich bisher gedacht, macht mir wegen der komplizierten und destruktiven Beziehung meiner Eltern ein wenig Angst. Doch nun stelle ich fest: Mit dem richtigen Mann an meiner Seite sind diese Bedenken verflogen.

Lars weiß natürlich, dass die größte Herausforderung sein wird, überhaupt einen Termin für die Hochzeit zu finden. Unzählige Einsätze im In- und Ausland stehen auf dem Programm, die Eröffnung des Tierwaisen-Hospitals in Galati, die Klinik in Bukarest, die Einweihung des Neubaus im Tierheim Pfötli, diverse Referate, die ich halten werde. Schnell realisieren wir auch, dass wir uns eine Hochzeit in der Schweiz finanziell nicht leisten können. Ich bin ein wenig enttäuscht, denn ich hätte mir zwar keine große, aber doch eine schöne und stimmungsvolle Feier gewünscht. Lars recherchiert im Internet und präsentiert schon bald eine Alternative: Schloss Mondsee. Auch wenn ich es anfänglich kaum glauben kann, ist eine Hochzeit in diesem wunderschönen Hotel tatsächlich machbar. Ein weiterer großer Pluspunkt ist, dass ich den Mondsee schon lange kenne und liebe. Auf den langen Fahrten zu den Einsätzen in Ungarn machen wir auf der gleichnamigen Raststätte jeweils eine Pause und genießen den Ausblick auf das ruhige Wasser. Das ehemalige Benediktinerkloster – es wurde im Jahr 2001 zu einem Hotel umfunktioniert – verfügt über einen prachtvollen Schlossgarten, einen Ballsaal und das schönste Trauungszimmer in ganz Europa, wie man uns telefonisch versichert.

5. Oktober 2015

Fast drei Jahre sind seit der Krebserkrankung von Lars vergangen. Die Untersuchungen zeigen keine Auffälligkeiten, was bei uns jeweils zu einem Freudentanz führt und zu unglaublichen Glücksgefühlen, obwohl wir wissen, dass nicht der gesamte Tumor entfernt werden konnte. Mein Trost zwischen den Untersuchungen und den Ergebnissen ist jeweils, dass Lars vor Kraft strotzt, bei Tisch Unmengen vertilgt und so viel Lebensfreude ausstrahlt, dass es ansteckend wirkt, selbst wenn mir eine Laus über die Leber gelaufen ist. Nun wird er zu seiner halbjährlichen MRI-Kontrolle aufgeboten, die zum wiederholten Mal exakte Aufnahmen seines Gehirns zeigen und somit die Information liefern soll, ob sich der Tumor ruhig verhält. Wir gehen zuversichtlich davon aus, dass alles in Ordnung ist.

28. November 2015

Zwei Monate nach der letzten Untersuchung hinterlässt die Neurologin eine Nachricht auf unserer Combox: Lars müsse sich sofort bei ihr melden. Es ist Samstagabend und die Ärztin nicht mehr erreichbar. Auch der Sonntag ist endlos lang. Am Montag wird klar: Die Neurologin hat die Aufnahmen zwei Monate lang vergessen und regt jetzt nach der Analyse ein zweites MRI an. Als ob dieses radiologische Verfahren jemals irren würde. Wir wissen bereits alles und doch nichts. Erneut Tage des Wartens. Nicht überraschend, aber voller Wucht trifft uns schließlich die Botschaft: Der Tumor ist wieder gewachsen. Lars gerät in Panik. Nur zu gut erinnert er sich an die Qualen und an die schwierige Zeit nach der ersten Operation. Zudem haben die Ärzte damals gesagt, mehr Tumorgewebe könnten sie nicht entfernen, ohne das Sprachzentrum oder die Motorik der linken Körperhälfte in Mitleidenschaft zu ziehen. Auch diesmal wird sich die Geschwulst nicht vollständig entfernen lassen und manifestiert sich möglicherweise bösartiger als vor drei Jahren.

Wir sind am Boden zerstört. Die Möglichkeit, dass mir der Mensch wieder entrissen wird, auf den ich mein Leben lang sehnsüchtig gewartet habe, erscheint mir brutal und ungerecht. Doch diesen Gedanken erlaube ich mir nur einmal: Kraft und Energie, da sind wir uns einig, wollen wir stattdessen in den Genesungsprozess stecken, an den wir felsenfest glauben. Alles andere bleibt unvorstellbar.

15. Dezember 2015

Ich reagiere wie immer in extremen Situationen: Ich stelle einen Lösungsplan auf die Beine. Wie das im Fall eines Hirntumors gehen soll? Ich habe keine Erfahrung mit diesem Thema, packe es aber so an wie ein Tierschutzprojekt. Mit der Stufe eins ist die Beschaffung von Fakten gemeint: Wir müssen so schnell wie möglich Aufklärung durch Fachleute erhalten. Die Neurologin ist mit ihrem Latein bereits am Ende und verweist uns an das Universitätsspital Zürich. Erneut geraten wir in eine Warteschleife. Ich nutze die Wartezeit für die Stufe zwei, das Zusammenstellen eines Teams: Ich melde uns bei der Krebsliga an, informiere mich über die besten Ärzte und Spitäler für die weitere Behandlung und informiere unsere Freunde, die wir nun mehr denn je brauchen. Die Stufe drei betrifft die Zuteilung der Aufgaben: Freunde mit guten Kontakten beschaffen uns nötige Informationen, und gemeinsam kommen wir zum Schluss, dass das Universitätsspital Zürich das beste Kompetenzzentrum ist. Nach mehreren Telefonanrufen erhalten wir – glücklicherweise noch vor Weihnachten – an der dortigen Klinik für Neurologie einen Termin. Zu meinen Aufgaben wird auch künftig die Informationsbeschaffung gehören, die Übersicht über Arzttermine und Abläufe, die Organisation der Medikamente und die Information unseres Umfeldes über den weiteren Verlauf der Krankheit. Vor allem aber stehe ich Lars bei und unterstütze ihn in seiner schwersten Aufgabe: wieder gesund zu werden.

10. Januar 2016

Nach verschiedenen Terminen bei den Fachärzten wissen wir: Der Tumor ist nicht bösartiger als zuvor. Das Astrozytom entspricht immer noch der WHO-Stufe II (von vier) und wird als niedrigmalign bezeichnet. Wir halten an unseren Zukunftsplänen fest, sie sind ein Grund zur Freude und werden uns helfen, die kommenden Monate anzugehen. Nach genauer Analyse kommen die Ärzte zum Schluss, dass eine erneute Operation aufgrund der unglücklichen Wachstumslage des Tumors ein großes Risiko birgt. Deshalb wird anders entschieden: Den Bestrahlungen soll eine lang dauernde Chemotherapie folgen.

Wir informieren Freunde und Bekannte über den Stand der Dinge, und nach dem ersten Schock reagieren sie so, wie man es sich nur wünschen kann: Sie zeigen Verständnis für unseren Rückzug, organisieren Fahrdienste während der Bestrahlung und sind uns in vielen Belangen eine große seelische Unterstützung. Eine schwierige Zeit steht uns bevor, doch Lars weiß, dass dies nichts an meiner Liebe und Verbundenheit ändert. Wir hoffen, dankbar für die Behandlungsmöglichkeiten in der Schweiz und immer wieder mit einem Lächeln auf den Lippen, das kommende Jahr gut zu überstehen.

27. Januar 2016

Während sich andere Bräute Maß nehmen lassen für ihr Hochzeitskleid, vermessen die Mediziner am Universitätsspital Zürich den Schädel meines Verlobten und analysieren seine Physiognomie, um die Bestrahlungsmaske optimal anpassen zu können. Wenig später starten die täglichen radiologischen Therapien. Lars hält an seinem Halbtagesjob als Physiotherapeut fest. Doch die Bestrahlungen ermüden ihn ab der dritten Woche stark, und dunkle Stunden bleiben trotz der guten Vorsätze nicht aus. Wir stützen uns gegenseitig, wir weinen gemeinsam. Irgendwann liegt ein dünnes Postpaket auf dem Bürotisch meiner Kollegin, achtlos reiße ich es auf, und ein Hochzeitskleid fällt heraus. Ich habe vergessen, dass ich es bestellt hatte. Im Katalog hat es besser ausgesehen, anstelle eines duftigen Traums aus Seidenorganza halte ich mir ein zerknittertes Etwas aus flachem Nylon vor den Körper. Ich mache ein Selfie, sehe später, dass ich Frotteesocken trage, und bringe mit meinen Schilderungen Lars zum Lachen. Den übrigen Traum hingegen lassen wir uns nicht platt drücken, so entscheiden wir an diesem Abend erneut.

Nach der Strahlentherapie erreicht uns die erlösende Nachricht, dass sich der Tumor bereits ein wenig zurückgebildet hat, und mental gestärkt, gehen wir die anstrengende Chemotherapie an, die mit jeweils zweiwöchigen Pausen neun Monate dauern soll. Ich begleite Lars zu seinen Therapien und versuche nebenbei, den anstrengenden Tierschutzalltag zu bewältigen. Es bleibt kaum Energie, um die Hochzeitsdetails zu besprechen und zu planen. Trotzdem ist der näher rückende Anlass ein Lichtblick. Wir sind dankbar für vieles, füreinander und für den Glauben an eine gemeinsame Zukunft, für Freunde und Bekannte, für Mitstreiter aus aller Welt, die Kraft und Trost spenden auf einem Weg, von dem wir mit Sicherheit nur eines wissen: Wir werden Schloss Mondsee – eskortiert von unseren beiden Hunden – als glückliches Ehepaar verlassen.

18. März 2016

Meine Arbeit, die vielen vororganisierten Auslandprojekte und unzählige Einsätze in der Schweiz, verfolge ich in Absprache mit Lars weiterhin zielstrebig. Und so findet auch die von langer Hand geplante Eröffnung des »SUST-Orphan Animal Hospital« (OAH) in Galati termingerecht statt. Die Klinik befindet sich im Tierheim Help Labus: Wir haben den Bau der Klinik finanziert, kommen für die veterinärmedizinischen Kosten auf, bezahlen Medikamente, Operationen, Therapien und Pflege. Können unsere Schützlinge nach ihrer Genesung wieder zurück in ihr Revier, wird dies auch geschehen. Viele der gestrandeten Unfallopfer kommen zuerst in unserem Tierheimneubau im Help Labus unter und werden später an gute Plätze vermittelt. Das OAH-Angebot, zu dem auch Kastrationsaktionen gehören, entspricht von Anfang an einem großen Bedürfnis: Ununterbrochen werden kranke und verletzte Tiere im Hospital eingeliefert, und es wird uns bewusst, wie sehr eine solche Einrichtung für herrenlose Tiere bisher gefehlt hat.

Der Ablauf geschieht reibungslos. Das ist nur bei Projekten möglich, die man gemeinsam aufgebaut hat, verfolgen die Beteiligten doch, was den Tierschutz und die Nachhaltigkeit anbelangt, die gleichen Ziele. Bereits einen Monat später können wir das zweite Tierwaisen-Hospital in Bukarest eröffnen, danach folgen Ägypten, Peru und Budapest.

16. April 2016

Der »TierRettungsDienst« leistet nun pro Jahr über viertausend Einsätze und nimmt im Tierheim Pfötli über tausendachthundert Tiere auf. Diese Zahlen sind die schönste Belohnung für unsere Arbeit in der Schweiz, sorgen aber seit längerer Zeit für Platzmangel. Das bestehende Gebäude haben wir während vieler Jahre den neuen Bedürfnissen angepasst, doch irgendwann sind die Kapazitäten ausgeschöpft. Wir möchten auch in Zukunft allen Tieren, die unsere Hilfe benötigen, ein Zuhause auf Zeit vermitteln, und so entsteht die Idee zu einem vergrößerten Anbau, der die bisherige Scheune ersetzen könnte. Wir arbeiten ein Projekt aus, das die neusten Erkenntnisse der Haltung von Tieren im Tierheim berücksichtigt, und suchen Spenden, damit dieses wichtige Vorhaben finanziert werden kann. Nach eineinhalbjähriger Planungs- und Finanzierungsphase findet der Spatenstich statt, und heute, ein Jahr später, ist der Tierheimanbau bezugsbereit.

In Zukunft können wir bis zu neunzig Tiere mehr aufnehmen: Auf zwei Etagen mit über vierhundert Quadratmetern gibt es nun mehr als ein Dutzend Räumlichkeiten, im Erdgeschoss befinden sich drei zusätzliche Hundeboxen und sechs multifunktionale Boxen für Kleintiere, inklusive großer Auslaufzonen. Auch die Katzen kommen auf ihre Kosten: Helle Räume im Obergeschoss mit direkten Zugängen in die Außengehege tragen zur zusätzlichen Verbesserung ihrer Lebensqualität bei. Eine neue Station für nachtaktive Kleintiere garantiert zudem Ratten, Hamstern und Chinchillas beste Haltungsbedingungen. Zwei Futterküchen, das Futter- und das »TierRettungsDienst«-Lager, ein Hundebad, die Wäscherei, der Waschraum für Käfige und Boxen, die Räumlichkeiten der Mitarbeiter und eine ökologische Heizung runden einen Betrieb ab, dessen Eröffnung wir nun mit jenen Menschen feiern, die unsere Arbeit möglich machen.

21. Juni 2016

Seit der Tumor wieder wächst, ist unser Leben nicht mehr wie früher. Früher. Wie das klingt. Als würden Jahrzehnte zwischen der Normalität und dem Ausnahmezustand stehen, dabei sind es nur einige Monate, welche die beiden Lebenswelten trennen. Früher haben wir viel gelacht. Früher haben wir vieles gemeinsam unternommen. Früher haben wir zusammen Sport getrieben. Heute versuchen wir nur noch unseren Alltag zu bewältigen und irgendwie mit dem Tumor zu leben. Lars schläft sehr viel, er leidet jetzt auch unter häufiger Übelkeit. Noroc – unsere rumänische Hündin – hat sich zum perfekten Therapiehund entwickelt: Wann immer es Lars schlecht geht und wann immer er schläft, liegt sie dicht an seinen Körper gedrängt bei ihm.

31. Juli 2016

Die Hochzeit gibt uns ein paar Tage Normalität zurück, denn mit dem glücklichen Ereignis sind zwei Wochen Pause von der Chemotherapie verbunden. In dieser Zeit geht es Lars etwas besser, er kann Kraft schöpfen. Im letzten Moment ziehen meine Schulfreundin Julia und ich durch die Geschäfte. Vor siebzehn Jahren waren die Rollen umgekehrt verteilt, nun unterstützt sie mich bei der Wahl des Brautkleides. Sommerlich soll es sein. Und schön. Und praktisch. Da Lars und ich beide Leinen lieben, soll diese Naturfaser uns am großen Tag optisch miteinander verbinden. Bereits dominieren die Herbstkollektionen in den Läden, und das Verkaufspersonal ist nicht begeistert über meine Wünsche. Und doch werden wir fündig, und zwar im Ausverkauf. Ich wähle für Lars ein cremefarbenes Hemd und eine dunkelbraune Hose, und bald hängt auch mein Kleid zu Hause im Schrank: Es ist sehr sommerlich, hat feine Träger, ein gehäkeltes Rückenteil und einen hübschen Ausschnitt. Ich verliebe mich sofort in die dunkelorange Kreation. Meine Freundin findet, das Kleid stehe mir gut. Für mich sind auch der luftige Stoff und der bequeme Schnitt Kaufargumente, denn am glücklichen Tag will ich mich frei und ungezwungen bewegen können.

5. August 2016

Wir sind heute angereist und verbringen die Nacht vor der Hochzeit bereits im Schlosshotel Mondsee. Auch unsere Familien sind da. Es macht mir nichts mehr aus, dass keine Blutsverwandten dazu zählen. Meine engsten Freunde, die Menschen, die für mich da sind und ich für sie, gehören dazu. Alle, die uns wichtig sind, haben den weiten Weg ins Salzkammergut in Kauf genommen. Die Eltern von Lars und seine Freunde sind aus verschiedenen Teilen Deutschlands angereist, unsere Schweizer Freunde sind hier, auch meine Freundin und Trauzeugin Sara aus London, meine guten Freunde aus Budapest – der ungarische Tierarzt Péter Király und seine Frau – und sogar Monique und Salah aus Ägypten sind anwesend. Die Stimmung ist festlich und doch locker. Wir genießen es vor allem, Zeit miteinander zu verbringen, und die romantische Kulisse mit dem Schlossgarten macht es uns leicht, den anstrengenden Alltag ein paar Tage zu vergessen.

6. August 2016

Wir haben die Standesbeamtin gebeten, eine kurze und beschwingte Zeremonie abzuhalten: An diesem Tag sollen alle lächeln. Obwohl wir kaum Zeit für die Vorbereitungen gefunden haben, entsteht ein beinahe perfektes Fest, locker, friedlich, fröhlich: einfach schön. Bereits im Vorfeld hat sich alles zusammengefügt: Meine Schwiegereltern in spe treffen die Weinauswahl, während wir noch im Verkehrsstau stecken, Sara schenkt mir einen Penny, den ich in meinen Schuh kleben soll, damit uns das Geld nie ausgeht, und Monique hält mir als Glücksbringer ein blaues Strumpfband hin. Das Schmuckstück, das ihr Mann Salah vor Jahren für mich angefertigt hat und das ich seither an einer Kette um den Hals trage, ist alt, neu ist dafür mein Kleid. Die Haare sind frisch gewaschen und mit geborgten Haarklammern hochgesteckt, in den Händen halte ich einen Brautstrauß, den mir meine Schwiegermutter kurz vor der Zeremonie überreicht hat.

Den großen Moment werde ich nie vergessen. Alle Gäste sind im Fürstenzimmer versammelt, und Sara stimmt den wunderschönen Song »Chapel of Love« an, als wir eintreten. Mir laufen Tränen über die Wangen, mein Ja kommt aus tiefstem Herzen. Am Abend feiern wir im Weinkeller des Schlosses ein unvergessliches Fest mit Menschen, die einander mögen, sich viel zu sagen haben und vor allem: zu unserer inneren Heimat gehören. Als frisch getrautes Ehepaar machen wir uns Arm in Arm auf einen langen Spaziergang mit unseren geliebten Hunden Arab und Noroc. Was die Zukunft bringen wird, wissen wir nicht, und doch sind wir glücklich: in diesem Moment, der für die Ewigkeit ist.

Gut zu wissen

SUST-Akademie

Weil Tierschutz ohne Fachwissen nicht möglich ist, organisiert die »Susy Utzinger Stiftung für Tierschutz« regelmäßig Seminare und Weiterbildungen für Fachpersonen. Viele dieser Kurse sind auch für die Öffentlichkeit zugänglich und werden zu günstigen Preisen für Tierhalter und Tierfreunde angeboten.

Tierschutz durch kostenlose Information

Das Fachwissen und die langjährigen Erfahrungen im Umgang mit Heimtieren verarbeitet die SUST laufend in der Informationsreihe »Tierschutz durch richtiges Handeln«. In diesen Broschüren finden Tierhalter und Tierfreunde wichtige Tipps und Tricks rund um Haltung, Schutz und Pflege unserer vierbeinigen Freunde.

Auf Deutsch erschienene Broschüren

- Erste Hilfe für Hund und Katze
- Ferien mit dem Hund
- Zügeln ohne Katzenjammer
- Tierliebe am Ferienort
- Tiere haben Rechte
- Eine Katze zieht ein
- Vorsicht Katzenfalle
- Katzen-Kastrationsaktionen = aktiver Tierschutz

Poster und Postkarten, die Tieren helfen

- STOP – Kastration anstelle unkontrollierter Vermehrung
- Todesfalle Auto
- Lebende Tiere sind keine Feriensouvenirs
- Materialsammlung
- Tiere sind keine Weihnachtsgeschenke
- Wir brauchen Ihre Spende

Mit der Platzierung von Tierschutzpostern in Ihren Räumlichkeiten helfen Sie mit, noch mehr Tierfreunde mit den SUST-Aktionen bekannt zu machen.

Notfallausweis für Tierhalter – kleine Karte mit großer Wirkung

Viele Tierbesitzer plagt zu Recht die Sorge, was in einem Notfall mit ihrem Haustier geschieht. Gerade wenn ein Tierhalter etwa nach einem Unfall vorübergehend nicht ansprechbar ist, sind seine Tiere oft über längere Zeit ohne Betreuung allein in der Wohnung. Bis sie endlich gefunden werden, kann es schon zu spät sein. Ein Notfallausweis gibt darüber Auskunft, welche Tiere in Ihrem Zuhause auf Hilfe angewiesen sind und wo sie sich befinden. Tragen Sie den Ausweis bei sich, wird sichergestellt, dass in einem Notfall gut für sie gesorgt wird.

Sämtliche Unterlagen können kostenlos bei der »Susy Utzinger Stiftung für Tierschutz« bestellt werden: www.susyutzinger.ch.

Die Projekte von Susy Utzinger und ihrer Stiftung könnten ohne Spenden nicht realisiert werden. Vielen Dank!

Weitere Informationen

www.susyutzinger.ch

www.tierrettungsdienst.ch

Dank

Franziska K. Müller ist es mit viel Feingefühl gelungen, meine Lebensgeschichte zu einem kurzweiligen Buch zusammenzufassen. Diesem Feingefühl ist es auch zu verdanken, dass sie mit viel Gespür aus all den Informationen, die sie zusammengetragen und erhalten hat, diejenigen Geschichten auswählte, die mich am meisten geprägt haben und die sich im Nachhinein als wegweisend für meinen Lebensweg herausstellten. Dafür möchte ich mich sehr herzlich bei ihr bedanken.

Susy Utzinger, im Sommer 2017

Eine Auswahl unserer Bestseller

ISBN: 978-3-03763-074-7

ISBN: 978-3-03763-063-1

ISBN: 978-3-03763-302-1

ISBN: 978-3-03763-305-2

ISBN: 978-3-03763-067-9

ISBN: 978-3-03763-077-8

ISBN: 978-3-03763-064-8

ISBN: 978-3-03763-085-3

ISBN: 978-3-03763-304-5

Das volle Wörterseh-Verlagsprogramm finden Sie unter www.woerterseh.ch